EIN HAUS IN DEN WOLKEN

Thomas Brezina:
Ein Haus in den Wolken

Alle Rechte vorbehalten
© 2024 edition a, Wien
www.edition-a.at

Cover: Bastian Welzer
Satz: Anna-Mariya Rahkmankina

Gesetzt in der Premiera
Gedruckt in Deutschland

1 2 3 4 5 — 27 26 25 24

ISBN: 978-3-99001-763-0

THOMAS BREZINA

EIN *Haus* IN DEN WOLKEN

44 Träume, die Wirklichkeit wurden

edition a

Inhalt

TRÄUME
VON EINEM SINNVOLLEN TUN

Mein Leben unter Wasser	11
Die Buchhandlung	17
Der Anruf	19
Ein Traum aus Gold	23
Ein kleines schwarzes Radio	27
Zahlenspiele	31
Mama der Nation	33
Am Operationstisch	37
Eine Schachtel voller Bücher	39

TRÄUME
VON DEM BESONDEREN MOMENT

Ein Haus in den Wolken	47
Die Ballonfahrt	51
Die Schlittenfahrt	53
Der Aufstieg	57
Schinken und Speck	61
Träumen mit den Füßen	63
Mein Onkel, der Schafhirte	67
Herzen am Himmel	69

TRÄUME
RUND UM DIE FAMILIE

Mein Traum namens Leon	77
Die Weltmeisterschaft	79
Wir schaffen das	83
Die Suche nach meiner Mutter	87
Traumkind	89
Ein Lamborghini zum Geburtstag	95

TRÄUME
ALS BOTSCHAFTEN

Die Suche nach Mascha	103
Der Duft der wilden Kamille	109
Der Mann an meiner Seite	113
Abschied von Baba	117

TRÄUME
VON UNVERGESSLICHEN ABENTEUERN

Meine Füße im Sand	123
Die Stadt, die niemals schläft	125
Mein Freund, der Grizzly	131
Meine kleine Trauminsel	135
In 112 Tagen um die Welt	139
Der rote Kontinent	145

TRÄUME
VON DER GROSSEN LIEBE

Der Traummann	151
Der Sommer meines Lebens	155
Geh mir aus der Sonne!	159
Ein Brief ans Universum	161

TRÄUME
VON EINEM NEUEN LEBEN

Eine neue Heimat	167
Die Brieffreundschaft	169
Mein Weg aus der Sucht	175
Wohlfühlgewicht	177
Der lange Weg	179
Jeden Atemzug genießen	183
Der Blick aufs Meer	187

Träume

VON EINEM SINNVOLLEN TUN

MEIN LEBEN UNTER WASSER
Sarah

Um sechs Uhr klingelt der Wecker, ich habe nicht viel geschlafen, die Nacht war unruhig, ich habe an die vielen Meetings im Office gedacht. Habe ich alles vorbereitet? Werde ich so performen, wie ich es mir vorgestellt habe? Welche Aufgaben sind erledigt, welche stehen noch an?

Werde ich meine Ziele erreichen?

Welche Überraschungen kommen auf mich zu?

Am Ende des Arbeitstages kann ich auf einen stressigen, aber erfolgreichen Tag zurückblicken.

Ich habe wie immer funktioniert. Ich habe wie immer kaum gegessen, bloß während des Schreibens von Mails und des Beantwortens von Telefonaten am Arbeitsplatz gesnackt, bin wie jeden Tag von Meeting zu Meeting gehetzt und habe mit zahlreichen Menschen gesprochen.

Zu Hause angekommen setze ich mich auf die Couch, aber es gelingt mir nicht, mich zu entspannen. Mein Puls ist nach wie vor hoch. Ich lasse meinen Laptop eingeschaltet.

Ich schenke mir ein Glas Rotwein ein und arbeite an einem Konzept und einer Präsentation, denn die Deadline wird bald fällig. Ich bin munter, motiviert und freue mich darauf, meine Kreativität, mein Wissen und mein Engagement unter Beweis zu stellen. Ich identifiziere mich mit dem Unternehmen, in dem ich arbeite, bin stolz auf mich und meine Karriere. Ich wollte immer etwas tun, das mir Freude bereitet. Das mich erfüllt. Das war mein Traum.

Gegen Mitternacht gehe ich müde, aber zufrieden ins Bett. Von schnellem Einschlafen, trotz langsam aufsteigender Erschöpfung, ist jedoch keine Rede. Ich denke an die nächsten Tage, das positive Gefühl verändert sich ein wenig und Sorgen machen sich breit. Wie lange halte ich das noch aus? Wie lange möchte ich die Kämpfe um Macht und Positionen, gepaart mit Enttäuschungen und Angst, noch ertragen?

Bin ich glücklich?

Ich schlafe wie gewohnt nicht viel, denn um sechs Uhr klingelt erneut der Wecker. Das Unternehmen braucht mich. Es ist wichtig, viel zu arbeiten und über meine Grenzen zu gehen, physisch und psychisch. Sonst erreiche ich doch nichts.

Dieser Alltag, dieses Hamsterrad, ist normal. Es ist *en vogue*, karriereorientiert zu leben. Es ist normal, fleißig zu sein und dem Wunsch nach noch besseren Jobs und noch mehr Geld nachzukommen. All diese Glaubenssätze standen für mich lange nicht zur Diskussion. Ich wuchs mit ihnen auf, habe sie kaum je hinterfragt. Gleichzeitig spürte ich, dass ich mich nicht wohlfühle, dass ich nicht glücklich bin und mir der Wettkampf mit Kollegen, wer die meisten Mails nach Feierabend sendet, wer früher im Büro ist und wer mehr arbeitet, nicht guttut.

Ich habe performt, aber jahrelang still gelitten. Ich habe jahrelang die Gespräche mit Kollegen verfolgt und gehört, dass die Pension das Ziel vieler Menschen ist, dass sie unzufrieden sind, aber weitermachen, dass es keine Entwicklungsmöglichkeiten und keine Alternativen gibt.

Denn es ist halt so. Bereits im Kindergarten singen die Kleinen: »Hoch die Hände, Wochenende!« Im Radio werden die Zuhörenden am Montag motiviert, in die neue Woche zu starten, und am Freitag wünschen sich alle ein schönes und entspanntes Wochenende.

Muss es genau so sein, wie wir es vom Kindergartenalter an lernen? Muss man sich dem gesellschaftlichen Zwang der Fünf-Tage-Woche und des permanenten Performens unterwerfen, mit dem stetigen Ziel, am Wochenende und dann irgendwann mal in der Pension das Leben endlich genießen zu können?

Ich jedenfalls träumte bald von einem anderen Leben.

Ich habe von einem Job geträumt, der mich mit Leidenschaft erfüllt. Ich habe von einem Alltag abseits des Mainstreams geträumt.

Im Rahmen eines Sabbaticals habe ich ein weiteres Studium absolviert, denn der Lebenslauf muss ja top sein und zeigen, welch toller, intelligenter und erfolgreicher Mensch ich bin. Also statt Zeit für mich noch mehr Leistung.

Obwohl ich immer wieder in diese klassischen Denkmuster zurückgefallen bin, wurde mir zunehmend bewusst, dass ich darin den Sinn nicht wirklich erkenne, dass mich dieses Hamsterraddenken nicht zufrieden macht und mich in meinem Leben nicht weiterbringt.

Deshalb habe ich mich zunehmend meinem Hobby gewidmet: dem Tauchen. Die Unterwasserwelt und das Gefühl der Schwerelosigkeit erden mich und erfüllen mich mit Zufriedenheit. Es war lange mein Traum, diese Liebe zu meinem Alltag zu machen. Doch wie sollte das gelingen? Bis ich erkannte: Ich muss es einfach tun.

Nun ist mein Office das Meer. Ich habe meine eigene Tauchschule in Kroatien und lebe die Hälfte des Jahres an der Küste. Die Wintermonate verbringe ich als Rettungssanitäterin nach wie vor in Österreich. Ich habe davon geträumt, einen anderen, für viele Menschen vielleicht unkonventionellen Weg einzuschlagen und das zu machen, was mir Freude bereitet.

Diesen Traum lebe ich.

Der Wecker klingelt auch nun um sechs Uhr oder manchmal sogar um vier Uhr.

Ich mache Nachtschichten und habe im Sommer kaum freie Tage. Die Arbeit im Tauchcenter und bei der Rettung ist anstrengend und auch oft nervenaufreibend, aber ich lebe nicht mehr von Wochenende zu Wochenende, von Urlaub zu Urlaub, sitze nicht mehr in stundenlangen Meetings, fühle mich nicht mehr ausgebeutet und nicht rund um die Uhr ausgelaugt.

Der Weg dahin war nicht einfach und mit viel Anstrengung verbunden. Aber wenn man etwas mit Leidenschaft macht und an einen Traum glaubt, fühlt sich das Tun leichter und angenehmer an. Man erkennt plötzlich einen Sinn, und Schritt für Schritt gelangt man dem eigenen Traum näher.

Unsere Gesellschaft strebt nach dem »Mehr«, nach Geld und Macht, und sich diesen Mustern entgegenzusetzen kann mühsam sein. Ich habe mich daran gewöhnt, dass Menschen mein Tun manchmal belächeln und behaupten, ich würde im Sommer Urlaub machen und die ganze Zeit bloß das Meer und die Sonne genießen. Ich darf Meer und Sonne genießen, das ist Teil meines Berufs. Es ist die Belohnung für meine Arbeit und sie fühlt sich viel besser an als das Geld, das ich früher verdient habe. Es gab finanzielle Einbußen, doch auch an diese habe ich mich längst gewöhnt.

Lange hatte ich einen Traum, doch was mich davon abhielt, ihn zu leben, waren meine Gedanken, wie die Welt und die Menschen in ihr zu sein und zu leben hätten. Seit ich meinen Traum verfolge und ihn wahr werden ließ, habe ich begriffen, dass Glück und Zufriedenheit nicht im Korsett dieser Erwartungen gefunden werden können. Unsere Träume können uns aus diesem Korsett befreien.

DIE BUCHHANDLUNG
Nicole

Seit ich denken kann, spielen Bücher für mich eine wichtige Rolle. Vom ersten Buch im Kindergarten über den Glasschrank in der Schule, in dem eine Christian-Morgenstern-Sammlung enthalten war, bis zum ersten Buch, das ich mit einer Freundin übersetzen durfte. Bücher waren Anker, Wegbegleiter, haben mich über Liebeskummer hinweggetröstet und meine Sicht auf die Welt verändert.

Es ist nun schon einige Jahre her, dass ich mich dazu entschlossen habe, meine Liebe zur Literatur im für mich einzig wahren Beruf auszuüben – dem der Buchhändlerin. Mit meinem Traum, eines Tages eine eigene Buchhandlung mein Eigen nennen zu dürfen.

Die erste Hürde war, eine unabhängige Buchhandlung zu finden, die einer Quereinsteigerin wie mir eine Chance gab. Doch ich fand eine kleine, freundliche Buchhandlung in der Steiermark, in der ich all meine Kenntnisse erlernen durfte.

Aber ich wusste, ich müsse nach Wien. Ich hatte das Gefühl, dass dort die Literatur lebte. Dort war sie zu Hause. Und so war es auch. Zuerst arbeitete ich in einer tollen Comicbuchhandlung, ehe ich in eine »richtige« Buchhandlung wechselte. Einige Jahre steckte ich all mein Herzblut in die Arbeit, ehe ich das Geschäft als Selbstständige übernehmen konnte.

Puh. Das war ein harter Brocken. Weder hatte ich reiche Eltern noch eine Immobilie, die ich der Bank als Sicherheit anbieten konnte. So war es schon eine Herausforderung, überhaupt einen Kredit zu bekommen.

Der schönste Tag in meinem Leben? Als ich eine Bank fand, die sagte, dass sie an mich glaube. Seit damals habe ich meine Entscheidung keinen Tag bereut (die Bank hoffentlich auch nicht). Noch immer freue ich mich jedes Wochenende auf den Montag, wenn ich wieder in der Buchhandlung stehen darf und das machen kann, was ich am liebsten tue: über Bücher sprechen, sie empfehlen, mich über sie mit Kunden austauschen. Kindern ihr erstes Buch in die Hand drücken. Eine Liebe entfachen, die vielleicht dazu führt, dass eines dieser Kinder irgendwann einmal selbst eine Buchhandlung führen will ...

... ein Traum, den ich mir erfüllen konnte.

DER ANRUF
Anita

Seit ich selbst Volksschülerin war, träumte ich davon, Lehrerin zu werden. Stundenlang habe ich damals meine Puppen und Plüschtiere in den verschiedensten Fächern unterrichtet.

Als ich mich nach der Matura entscheiden sollte, was ich studieren würde, war für mich also schnell klar: Lehramt mit Hauptfach Musik. Alles lief reibungslos und bald schon durfte ich tatsächlich unterrichten. Welch ein Glück, meinen Traumberuf so schnell gefunden zu haben! Acht schöne Jahre lang unterrichtete ich im slowakischen Komárno.

Durch meine Arbeit lernte ich meinen Mann kennen und zog zu ihm nach Wien. Plötzlich veränderte sich alles: Ich hatte eine erfüllte Liebe, aber mein Traumberuf war von einem Moment auf den anderen verschwunden. Noch beherrschte ich die deutsche Sprache nicht so gut. Es ist eine wirklich schwere Sprache!

Schließlich fand ich Arbeit in einem Schuhgeschäft. Es fühlte sich an wie ein Studentenjob. Vor allem am Anfang vergoss ich viele Tränen. Bis unsere lang ersehnte Tochter auf die Welt kam und sich mein Leben erneut völlig änderte.

Nach meiner Karenzzeit musste ich mich der harten Realität stellen: Die Suche nach einem neuen Job brachte nur Ablehnung mit sich. Immerhin hatte ich das Schuhgeschäft. Die Menschen dort waren sehr liebenswert und nahmen mich gern wieder auf, womit auch die Arbeit für mich leichter wurde.

Dennoch fühlte sich mein Leben unerfüllt an. Eine tiefe Leere hatte sich in mir aufgetan. Mein Umfeld versuchte mich zu trösten. Es sei ganz normal, dass ich mit Österreichern nicht um einen Beruf konkurrieren könne. Nur der Gedanke an meine Tochter und ihre Zukunft in diesem Land hielt mich davon ab, einfach wieder nach Hause zurückzugehen.

Jahr um Jahr bewarb ich mich beim Stadtschulrat, bloß um eine Ablehnung nach der anderen zu bekommen. Schließlich fand ich eine Stelle als Hortpädagogin. Die Arbeit mit den Kindern drängte meinen Traum, wieder zu unterrichten, für einige Jahre in den Hintergrund.

Doch auch in dieser Zeit gab ich nicht auf. Ich schrieb verschiedene Schulen an, bis ich unerwartet einen Anruf aus einer AHS bekam. Die Direktorin wollte mich kennenlernen. Mit großer Freude und Aufregung fuhr ich ans andere Ende der Stadt. Dort traf ich eine nette, motivierte Schulleiterin. Sofort war die gegenseitige Sympathie spürbar. Sollte ich meinen Traum endlich erreicht haben?

Ich wagte zu hoffen, bis der Bescheid des Stadtschulrates eintraf. Negativ. Ich dachte, es sollte wohl so sein. Anstatt einem Traum nachzulaufen, der sich nicht erfüllen würde, sollte ich dankbar für meine Familie sein und dafür, überhaupt einen Beruf zu haben.

Am letzten Freitag der Sommerferien klingelte mein Handy. Ich kannte die Nummer nicht, hob aber ab. Eine Stimme am anderen Ende der Leitung fragte, ob ich Interesse hätte, an jener Schule zu unterrichten, an der ich die sympathische Schulleiterin kennengelernt hatte. Ob ich bereits am kommenden Montag an der pädagogischen Konferenz teilnehmen könne? Die vom Stadtschulrat zugewiesene Person war nicht erschienen.

In meinem Kopf herrschte ein völliges Chaos an Emotionen. Freude überwältigte mich, ein wenig Schock war wohl auch dabei. Dann erst fiel mir ein, dass ich gar nicht sofort zu arbeiten anfangen konnte, immerhin musste ich erst bei dem Schuhgeschäft kündigen und meine Kündigungsfrist von einem Monat einhalten! Doch die Direktorin gab mir die Möglichkeit dazu. Meine Stunden im September wurden von einem fantastischen Musiklehrer vertreten.

Am 1. Oktober trat ich somit nach zehn Jahren wieder als Lehrerin in eine Schule. Ich fühlte mich wie ein Kind am ersten Schultag. Das ist jetzt dreizehn Jahre her. Die Möglichkeit, unterrichten zu dürfen, schätze ich noch immer als großes Privileg. Mittlerweile habe ich eine Schulband gegründet und wir führen viele Projekte mit den Schülern durch. Es ist einfach großartig, täglich mit fantastischen jungen Menschen zusammenzuarbeiten.

In dem Moment, als ich meinen Traum eigentlich schon aufgegeben hatte, erfüllte er sich doch noch. Träume haben eben ihre ganz eigene Art, sich in unser Leben zu schleichen.

EIN TRAUM AUS GOLD
Karin

Was sind Träume?

Für Kinder sind Träume Bilder, die uns in der Nacht aufsuchen, wenn wir schlafen. In Erinnerung bleiben meist die weniger schönen Träume, die Albträume, aber zum Glück ist meist jemand da, der uns tröstet. Aber was können Träume sonst noch sein?

Als ich drei Jahre alt war, wurden meine Eltern von Freunden zu einer Ballettaufführung ihrer siebenjährigen Tochter eingeladen. Weil es keinen Babysitter gab, durfte ich mit. Ich wusste natürlich nicht, was mich erwarten würde, aber offenbar habe ich mich sehr darauf gefreut. Niemand ahnte, dass sich an diesem Abend mein Schicksal und das meiner gesamten Familie besiegeln sollte.

Ab diesem Abend wollte ich Balletttänzerin werden, in den größten und schönsten Häusern dieser Welt tanzen, die beste Primaballerina werden.

Der Beginn schien noch recht klar: Ich wurde in einer Ballettschule angemeldet und siehe da, ich hatte Talent. Als kleines Mädchen durfte ich bereits bei Mitternachtseinlagen auf Bällen tanzen. Das größte Glück waren meine ersten Spitzenschuhe, die ich heute noch habe. Einmal tanzte ich sogar gemeinsam mit Susanne Kirnbauer, einer österreichischen Ballett-Legende. Kind, was willst du mehr?

Ich tat aber auch einiges dafür. Ich trainierte viel. Zum Glück empfand ich das nicht als Pflicht, sondern es machte mir Spaß. Schließlich wollte mich mein Ballettlehrer zur Staatsoper schicken, da dies aus seiner Sicht die nächste Stufe für mich darstellte. Und dann geschah ein Ereignis, das mein weiteres Leben bestimmen sollte.

Bei einer Ballettaufführung sprach meine Mutter in der Garderobe mit anderen Müttern. Eine von ihnen war ziemlich besorgt und erzählte, dass sie eine schwierige Entscheidung treffen müsse. Ihre Tochter, die bereits in der Staatsoper war und als sehr begabt galt, entwickelte sich nicht »ballettmäßig«, was bedeutete, dass ihre Oberweite zu groß zu werden drohte. Sie musste nun entscheiden, ob sie das Mädchen operieren ließ, damit es weitertanzen konnte, oder eben nicht. Diese Geschichte entsetzte meine Eltern derart, dass sie den Traum ihrer Tochter, also meinen, plötzlich in einem völlig anderen Licht sahen.

Es begann ein Kampf zwischen meinem Ballettlehrer, der die Situation verharmlosen wollte, und meinen Eltern, die mich unbedingt schützen wollten. Heute verstehe ich ihre Reaktion natürlich. Damals jedoch wollte ich das alles nicht hören. Ich wollte nur tanzen. Auf die Staatsoper gehen und es allen zeigen.

Doch schließlich gab ich nach. Ich gab meinen Traum auf und wählte eine klassische kaufmännische Ausbildung. Ab diesem Tag war ich plötzlich ziellos. Ich machte zwar alle möglichen Tanzkurse (Standard,

Ausdruckstanz, Bauchtanz, Line-Dance), aber die Leidenschaft war verschwunden. Vielleicht wollte ich sie auch nicht zulassen, weil ich Angst hatte, mein nächster Traum könnte ebenso zum Platzen gebracht werden.

So verging die Zeit. Bis mir eines Tages ein Ring in die Hände fiel, den ich als kleines Kind von einer Tante bekommen hatte. Damals war ich fasziniert gewesen von dem Edelstein darauf und hatte mich gefragt, wie man so etwas überhaupt herstellen konnte. Ich entwickelte eine Sammelleidenschaft für Schmuck und wünschte mir oft zu Weihnachten oder Geburtstagen solche Kleinode, später Dorotheum-Gutscheine.

Manchmal spricht das Universum zu einem. Beruflich war ich zwar erfolgreich, arbeitete aber zu viel und war unzufrieden. Eines Tages signalisierte mir mein Körper, dass alles zu viel wurde.

Durch Zufall stieß ich auf die Möglichkeit einer berufsbegleitenden Ausbildung zum Gold- und Silberschmied. In dieser Sekunde wusste ich: Das möchte ich machen! Dafür nahm ich in Kauf, im Beruf kürzer zu treten und weniger Geld zu verdienen. Mein Mann unterstützte mich dabei. Ich kündigte, suchte mir einen Teilzeitjob und begann die Ausbildung.

Und plötzlich ordnete sich alles! Ich konnte meiner Kreativität freien Lauf lassen und spürte ein Gefühl, das ich zuletzt beim Balletttanzen verspürt hatte. Als Kind waren es die Choreografien gewesen, die durch meinen Kopf schossen, nun waren es die Bilder des fertig bearbeiteten Schmuckstücks.

Welcher Traum war nun der richtige? Balletttänzerin oder Goldschmiedin? Wirklich wissen kann ich es nie, doch hätte sich der Erste nicht aufgelöst, wäre der Zweite gar nicht entstanden. Dieser Leidenschaft kann ich nun bis ins hohe Alter nachgehen. Manchmal muss ein Traum verschwinden, um Platz zu machen für einen anderen. Wenn einer unserer Träume also unerfüllt bleibt, ist das kein Grund zu verzweifeln. Er schafft bloß Raum für den Nächsten.

EIN KLEINES SCHWARZES RADIO
Markus

Ich wuchs in der ländlichen Steiermark auf, in einem Hotel, das meine Eltern 1966 eröffnet hatten. Es war die Vorstellung meines Vaters, dass ich später, als Ältestes von vier Kindern, das Hotel übernehmen sollte. Meine Träume jedoch waren andere. Ich wollte Musiker werden!

Mit sechs Jahren bekam ich ein kleines schwarzes Radio geschenkt und war sofort fasziniert, dass aus dem winzigen Gerät Stimmen und Geräusche kamen. Da entstand mein Traum, irgendwann auch meine Musik in einem Radio zu hören.

Ich war zehn Jahre alt, als mein Vater zu mir sagte: »Es wird Zeit, dass du ein Musikinstrument lernst.« Zu diesem Zeitpunkt wollte ich Austropop-Star werden, also verlangte ich nach einer Gitarre.

»Nein«, sagte mein Vater, »du kannst nicht singen. Zur Gitarre muss man singen können. Du lernst Klavier!«

Aber auch mit dem konnte ich mich anfreunden. Leider war nach einem halben Jahr Schluss mit dem Klavierunterricht, weil sich meine Eltern kein Klavier leisten konnten, auf dem ich zu Hause hätte üben können. Dafür erhielt ich ein Akkordeon. Dieses Instrument war gar nicht nach meinem Geschmack und ich lernte nur mit wenig Begeisterung.

Dafür begann ich mit zwölf Jahren, erste Songtexte zu schreiben.

Meinem Vater fiel meine Beharrlichkeit, Musiker zu werden, irgendwann auf. Mit vierzehn Jahren erhielt ich meine erste Heimorgel, denn so könnte ich, so die Idee meines Vaters, neben meinem eigentlichen Beruf des Hotelfachmanns auch als Alleinunterhalter reüssieren.

Mehr als ein kurzer Auftritt zu Silvester im Hotel meiner Eltern war aber erstmal nicht drin. Danach hatte ich genug vom Leben als Alleinunterhalter. Ich komponierte stattdessen eigene Songs auf meiner Heimorgel und verfolgte meinen Traum im Stillen.

1985 trat ich die dreijährige Ausbildung zum Hotelfachmann an. Mit meinem eigenen Taschengeld kaufte ich mir im selben Jahr ein Vier-Spur-Aufnahmegerät und viele leere Kassetten, auf denen ich Demo-Tapes aufnahm und diese zu Plattenfirmen und Radiostationen schickte.

Einer meiner Demo-Songs mit dem Titel »Dracula war ein Mann, vor dem man sich fürchten kann« wurde tatsächlich im Hitradio Ö3 vorgestellt. Er wurde in einer Sendung über neue Musik gespielt. Die Radiohörer konnten abstimmen, welcher Song in die nächste Runde kommen sollte. Mein Song kam zwar nicht weiter und auch bei den Plattenfirmen hatte ich wenig Glück, aber: Mein Traum war wahr geworden! Einer meiner Songs war im Radio gespielt worden! Ich hörte das erste Mal einen eigenen Song im Radio und war immerhin erst fünfzehn Jahre alt.

Mit siebzehn Jahren kaufte ich mir meinen ersten Synthesizer, einen *Yamaha DX7s*. Es folgte ein Keyboard und ein paar Jahre später eine ganze Workstation mit Mischpult, Verstärker und Boxen. Damit war zwar mein ganzes Erspartes weg, dafür hatte ich ein eigenes analoges Tonstudio, mit dem ich fleißig an neuen Songs arbeiten konnte.

Ich wusste aber, dass ich in der Steiermark nicht am richtigen Platz war. Ich musste nach Wien! Dort nahm ich an einem Tontechnikerkurs teil, um zu lernen, wie ich mit all den Geräten und Instrumenten richtig umzugehen hatte. Während dieses Kurses konnte ich eine Komposition aufnehmen, die es tatsächlich auf eine Schallplatte schaffte! *Para Dream* hieß der Song.

Ein Jahr später dachte ich schon nicht mehr daran und fuhr nach der Arbeit gegen ein Uhr früh nach Hause. Ich saß in meinem Auto, wie immer lief das Radio und ich kämpfte gegen die Müdigkeit an. Plötzlich hörte ich Töne, die mir bekannt vorkamen. Doch woher? Ich drehte das Radio lauter und konnte nicht fassen, was ich da hörte. Es war mein Song! *Para Dream* in voller Länge auf Ö3!

1991 kam mein Debütalbum *Paradreams* heraus, 1996 mein zweites Album *Miles Away*. Ich ließ mich zum Multimedia-Produzenten umschulen und konnte so meine Leidenschaft zum Beruf machen.

Als kleines Kind hielt ich ein winziges schwarzes Radio in den Händen und träumte, dass meine Musik eines Tages aus diesem Gerät kommen würde. Viele Jahre später erfüllte sich dieser Traum. Wir sollten unsere Kindheitsträume nicht belächeln. Mit Leidenschaft und Beharrlichkeit können sie sich selbst nach vielen Jahren noch erfüllen.

ZAHLENSPIELE
Julia

Ich hatte immer gute Noten in Mathematik. Meine Lehrerin unterrichtete stets mit Begeisterung und Leidenschaft. Sie verlangte viel, aber ich arbeitete gern. Es machte mir sogar so viel Spaß, dass ich bald die Rechnungen meiner Freundinnen löste.

Nach der Hauptschule besuchte ich die Handelsakademie. Im ersten Jahr hatten wir gar kein Mathe, sondern bloß wirtschaftliches Rechnen, was nicht dasselbe war. Da wurde mir bewusst, wie wichtig mir die Mathematik war und dass ich später unbedingt einmal in diesem Bereich forschen wollte.

Bei der Matura schrieb ich in meinem Lieblingsfach Mathe nur ein Genügend, weswegen ich Angst hatte, nicht gut genug für ein Mathestudium zu sein. Für mich war klar, ich wollte Mathe nicht auf Lehramt studieren, sondern ein »richtiges« Mathematikstudium absolvieren. Doch würde ich das überhaupt schaffen? Diese Zweifel begleiteten mich lange.

Die ersten Jahre des Studiums waren sehr schwierig für mich. Ich musste viele Kurse belegen, und da Mathematik in der Handelsakademie vernachlässigt worden war, fehlten mir einige Basics, die ich mir erst erarbeiten musste. Es dauerte ein paar Jahre, bis ich erste Erfolge erzielen konnte. Ich war oft kurz davor, mein Studium aufzugeben. Viele meiner Kolleginnen und Kollegen hatten die gleichen Probleme und einige von ihnen verloren schließlich auch die Freude, gaben auf und wechselten das Studium. Für mich war das eine harte Zeit und oft fühlte ich mich allein.

Ich bin kein Genie. Ich brauche eine gewisse Zeit, bis ich Dinge verstehe. Doch die Begeisterung für Mathematik, mein Ehrgeiz und die Unterstützung meiner Lebensgefährtin sowie meiner Familie brachten mich durch das Bachelor- und Masterstudium. Mittlerweile arbeite ich bereits seit sieben Jahren als Mathematikerin in der Forschung und kann meinen Traum jeden Tag ausleben.

Trotzdem suchen mich noch immer manchmal Zweifel heim, ob ich überhaupt gut genug bin. Dann denke ich zurück an meine Geschichte und das gibt mir Kraft.

Wenn man seinen Traum kennt, dann sollte man ihn nicht leichtfertig aufgeben. Durchzuhalten zahlt sich aus, denn seinen Traum zu leben ist eine unglaubliche Erfüllung.

MAMA DER NATION
Karin

Ich wollte schon immer Menschen unterrichten. Meine Ideen weitertragen und anderen helfen, ihre Ideen zu verwirklichen. Es sollte allerdings lange dauern, bis mein Traum Wirklichkeit wurde.

Bis zu meinem vierzigsten Lebensjahr hatte ich einen Job, der mit dem Unterrichten nichts zu tun hatte. Ich schulte zwar gern neue Mitarbeiter ein, verbrachte viel Zeit mit meinen Schützlingen und bekam den Spitznamen »Mama der Nation«, aber ich merkte, dass ich noch nicht angekommen war.

Meine Chance ergab sich in der Karenz. Ich beschloss, eine EDV-Ausbildung zu absolvieren. Schon immer hatten mich die neuesten Technologien begeistert, von einem Telefax zum sündteuren Computer mit 64 MB Festplatte bis zu den ersten Mobiltelefonen.

Schulungen, wie mit solchen Geräten umzugehen war, gab es im Jahre 1985 noch keine. Nächtelang beschäftigte ich mich damit und widmete viele Stunden dem Selbststudium. 1994 kam mir die Idee, dass dies der Beginn meines Traumes sein könnte.

Ich unterrichtete damals für das AMS und bildete Menschen in der Nutzung von Office-Programmen, Mails und dem Internet aus. Jeder Tag war eine Herausforderung. Bald schon träumte ich weiter: Ich wollte etwas Eigenes haben, eine eigene kleine Schule.

War so etwas möglich?

Ich bekam in einem Büro einen kleinen Raum, den ich nutzen durfte. Meine erste Kursgruppe bestand aus zwölfjährigen Kindern aus dem Freundeskreis. Computerausbildung gab es damals in den Schulen noch nicht. Die Kinder waren zwar begeistert, hatten aber fast nie Zeit, immerhin hatten sie viele andere Hobbys: reiten, schwimmen, Freunde treffen. Wer will da schon vor dem Computer sitzen?

Daraufhin stand ich bald schon vor einem leeren Klassenzimmer. Ich sah meinen Traum schwinden, als mir eine ältere Dame (heute bin ich so alt, wie sie damals war) riet, doch Senioren auszubilden. »Wir haben keine Ahnung von diesem Zeugs«, sagte sie. »Aber wir wollen mithalten können!«

Das nagte in meinem Kopf. Nächtelang überlegte ich, wie ich das anstellen könnte. Als ich einem Kollegen davon erzählte, lachte er und meinte, das sei doch brotlos. Doch die ältere Dame ließ nicht locker.

»Ich habe einige Freundinnen«, meinte sie. »Die bringe ich mal mit.«

Wir stellten eine feine Seniorinnengruppe zusammen und ich stürzte mich in die Arbeit. Täglich konnte ich von diesen tollen Menschen dazulernen, sie begeisterten und berührten mich, vor allem mit dem Enthusiasmus, den sie an den Tag legten. Ich bemerkte auch, wie manche meiner Schüler sich vor der neuen Technologie ängstigten, sich scheu zurückzogen. Sie galt es, aus der Reserve zu locken.

Feingefühl, Menschenkenntnis, Psychologiekenntnisse, das und vieles mehr wurden mir abverlangt. Jeder Termin mit ihnen war ein Geschenk. Ich wurde besser, mein Konzept sprach sich herum und bald schon hatte ich mit meinen Kursen guten Erfolg.

Nun galt es, den letzten großen Schritt zu tun: den in die Unabhängigkeit. Durch Zufall sah ich ein leeres Geschäftslokal in der Praterstraße, klein und leistbar mithilfe des Pensionistenverbands. Ich erkannte die Chance und ergriff sie. Ich mietete das Lokal, baute ein wenig um, kaufte acht neue Notebooks für eine damalig sagenhaft teure Summe von 1.800 Euro und hoffte, dass alles gut gehen würde. Die Leute kamen, die Kurse wurden mehr, ich arbeitete durchgehend und hatte 2009 einen Job, der mich voll auslastete: Kursplanungen, eigene Weiterbildungen, Büroorganisation und vieles mehr.

Es war stressig, doch ich liebte es. Mittlerweile hatte ich auch meine Familie eingebunden. Vor allem die Damen schätzten es, wenn mein Sohn hin und wieder bei Kursen unterstützte. Ich war glücklich.

Dann kam das Jahr 2013. Ich wurde schwer krank und musste einige Zeit in einem künstlichen Koma auf der Intensivstation liegen. Eine lange Reha-Zeit folgte. Mein Traum war mit einem Mal in Gefahr: Ich konnte nicht arbeiten. Zunächst musste ich mich ganz auf meine Gesundheit konzentrieren. Doch dafür drohte ich die Schule, die ich aufgebaut hatte, zu verlieren.

Da tauchte mein Retter auf. Mein damals 18-jähriger Sohn übernahm, ohne mich zu fragen, die Firma. Er leitete alle Schulungen, die gebucht und bezahlt waren, sodass ich nichts zurückzahlen musste. Das hielt meinen Traum am Leben.

Einige Kursteilnehmerinnen kamen sogar auf meinen Sohn zu, um ihn zu fragen, ob ich Geld benötigte, um den Betrieb aufrecht zu erhalten. Sie waren meine Engel.

Mein Traum überlebte. Am Ende brauchte ich sogar keine fremde finanzielle Unterstützung. Mittlerweile bin ich 65 Jahre alt, seit fünf Jahren im Ruhestand, aber noch immer täglich bei meinen Schulungen. Ich arbeite noch immer ganztags. Bloß ein paar Urlaube mehr als früher gönne ich mir.

Als kleines Mädchen wollte ich unterrichten. Das war mein Traum. Welche Formen ein solcher Traum annehmen kann, das konnte ich mir nicht vorstellen. Man muss aufmerksam bleiben, darf seinen Traum nie aus den Augen verlieren und muss die Chancen nützen, die sich bieten. Meine vielen Stammkunden hoffen, dass ich noch viele Jahre das tun werde, was ich liebe. Und das hoffe ich auch.

AM OPERATIONSTISCH
Sabine

Als ich klein war, wusste ich nicht recht, was ich einmal werden wollte. Prinzessin, Rockstar, Filmstar, Tierpflegerin in Schönbrunn, all das waren nur ein paar der Jobs, die ich im Visier hatte. Am realistischsten war wohl der Beruf der Tierpflegerin, aber ich kam schnell wieder davon ab. In der Hauptschule musste ich ein einwöchiges Berufspraktikum absolvieren. Inspiriert von meiner Lieblingsserie *Gilmore Girls* ging ich in ein Hotel. Mein Traum: Einmal ein eigenes Hotel zu leiten!

Wenn ich nur damals schon gewusst hätte, wie falsch ich damit lag, hätte ich mir massenhaft Ärger und viele Tränen erspart. Doch wer weiß mit dreizehn Jahren schon, was er einmal werden möchte? Der Plan mit der Hotellerie zog sich bis in meine Zwanziger. Nach Abschluss meiner Lehre war mir jedoch klar, dass ich ein Wiener Schnitzel nicht mal mehr riechen wollte. Also suchte ich nach einem anderen Weg.

Seit meinem 18. Lebensjahr arbeitete ich freiwillig beim Roten Kreuz. Mit Menschen zu arbeiten gab mir immer ein befriedigendes Gefühl. Ich konnte mich nützlich machen und mit einem überschaubaren zeitlichen Aufwand Menschen in Notsituationen helfen.

Schließlich erlitt ich selbst einen Unfall und bekam einen Gips auf den Fuß. Das brachte mich auf die Idee, Gipser im Krankenhaus zu werden. Was musste ich dafür tun? Zwei Jahre Ausbildung und drei medizinische Assistenzberufe später durfte ich mich Operationsassistentin nennen und begann, in einem OP zu arbeiten.

Die Arbeit in einem Team, in dem alle Mitglieder dasselbe Ziel verfolgen, nämlich Menschen zu helfen, ist etwas Wunderschönes. Ich bin dankbar, meinen Weg gefunden zu haben.

Allerdings merkte ich bald, dass mein Traum hier noch nicht endete. Steril am Tisch zu stehen und zu instrumentieren – das wäre was! Mitten im Geschehen, sozusagen. Dazu brauchte ich jedoch die Ausbildung zur Diplomierten Gesundheits- und Krankenpflegerin. Eine Ausbildung, die seit geraumer Zeit ohne Matura nicht mehr möglich ist.

Als Schülerin war ich furchtbar schlecht in Mathe. An die Matura nicht zu denken. Dachte ich zumindest. Doch wo sich eine Tür schließt, öffnet sich eine andere: Seit dem Jahr 2023 kann man sich in Graz zur operationstechnischen Assistenz (OTA) ausbilden lassen. Dafür benötigt man keine Matura und darf dennoch bei der OP instrumentieren. Nun bin ich 32 Jahre alt und sitze im ersten Lehrgang zur OTA. Mein Traum ist also nah dran, in Erfüllung zu gehen.

Der Spruch: »Alle Wege führen nach Rom« hat auch für unsere Träume seine Richtigkeit. Manche Wege dauern eben länger. Ich verbuche meinen Weg als Erfahrung und schätze jede Minute davon. Denn er hat mich hierhergeführt: zu meinem Traumberuf.

EINE SCHACHTEL VOLLER BÜCHER
Karoline

Meine Welt war schon als Kind voller Wunder gewesen. Ich wuchs mit meiner Mutter und meinen Geschwistern am Land auf, umgeben von Wiesen und Wäldern. Wind, Sonne, Vogelgezwitscher und der feuchte Waldboden voller Salamander nach dem Regen, das war mein Universum.

Abends offenbarten sich weitere Zauber, wenn unsere Mutter Geschichten erzählte oder meine Geschwister aus den Märchenbüchern vorlasen. Die Bilder darin konnte ich mir stundenlang anschauen.

Endlich kam ich in die Schule, doch das Lernen wollte nicht so recht gelingen. Legasthenie erkannte man damals nicht. Davon betroffene Kinder wie mich hielt man einfach für dumm.

Dennoch riefen die Geschichten weiterhin nach mir. Es kam auch etwas Neues hinzu, Gedichte aus dem Jahrbuch. Ich merkte sie mir leicht und dachte mir manchmal Melodien dazu aus, die ich im Wald sang. Nach wie vor bedeutete er für mich ein Portal in meine Zauberwelt.

Mithilfe meiner Geschwister lernte ich irgendwann, Wörter zu buchstabieren und Sätze sinnerfassend zu lesen. Und das war die Zauberformel, denn mit dem Lesen gab es kein Halten mehr für mich. Endlich konnte ich alles verstehen! Alle Märchen und Sagen öffneten mir ihre Pforten, und wenn sie zu kurz waren, dachte ich mir einfach Fortsetzungen aus.

Unser Haus war klein, in den Regalen standen nur die Bücher, die jeder zum vergangenen Weihnachtsfest bekommen hatte und Familienbücher wie Balladenbände, Märchen- und Sagenbücher.

Aber über uns gab es das faszinierende Sesam-Öffne-Dich, den Dachboden mit seinen verschnürten Schachteln, wackeligen Sesseln, dem Gitterbett und dem uralten Schaukelpferd. Es war uns Kindern verboten, dort herumzustöbern, vor allem, weil von den Dachziegeln Wespennester und sogar ein Hornissennest herabhingen. Im Sommer summte und brummte es dort und raschelte im Gebälk, womöglich wegen der Mäuse. Trotzdem stahl ich mich immer wieder dorthin. Bald wusste ich, in welchen Schachteln alte Schuhe oder Gewand aufbewahrt wurden und in welchen die Bücher. Ali Babas Schätze, wie sie im Märchen beschrieben wurden, konnten kaum faszinierender sein als diese Bücherschachteln.

Wenn mich eine Geschichte in ihren Bann zog, vergaß ich alles um mich herum. Die *Kinderlegende* war eine dieser Kostbarkeiten. Ich nahm das schmale Buch mit und las es immer wieder. Zu Weihnachten wünschte ich mir weitere Werke des Autors Josef Leitgeb.

Ein Traum entstand in mir, eine süße Sehnsucht, einmal ein Buch zu schreiben, das später einmal irgendjemand womöglich in einer alten Schachtel irgendwo fand, es las und so sehr liebte wie ich die *Kinderlegende*.

Dieser Traum erschien mir aber wie der Wunsch, mich auf Vogelschwingen in die Lüfte zu erheben. Das Gefühl der Unzulänglichkeit wegen meiner Legasthenie saß noch zu tief in mir. Außerdem erschienen mir Schriftsteller wie Übermenschen, wie Magier oder gar wie Elfen aus dem Märchen. Trotzdem schrieb ich immer wieder kleine Geschichten in alte Schulhefte, nur für mich.

Die Zeit verging, ich sozialisierte mich gut, liebte meinen Beruf als Pädagogin und wurde Mutter. Es gab Sonnentage und Schattenzeiten und über all den Erledigungen geriet mein Traum in weite Ferne. Was mich aber genauso wie in Kindertagen erfüllte, war die Begeisterung für Geschichten. Ich las, wann immer ich konnte, und begann nach einigen Jahren endlich wieder Geschichten zu schreiben. Die Sehnsucht, etwas zu veröffentlichen, erblühte umso mehr ich erkannte, dass Autoren auch nur Menschen waren. Bald entstanden neben Kurzgeschichten und Gedichten auch Romane. Ich schickte sie an alle Verlage, die ich im Telefonbuch finden konnte. Das Bild, wie jemand womöglich im Antiquariat oder auf einem Dachboden ein Buch von mir fand, es las und so berührt war wie ich damals, verließ mich nicht.

Es blieb mein Traum, meine Sehnsucht. Aber wie konnte ich es schaffen, etwas zu veröffentlichen? Durfte ich mich Autorin nennen, wenn kein Verlag reagierte? Oder genügte es, Geschichten für die Schublade zu schreiben? Mit den Jahrzehnten verebbte die Hoffnung auf eine positive Antwort von einem der Verlage. Zwar konnte ich neben Beruf und Haushalt nicht so viel schreiben, wie ich gern wollte, aber ich ließ nicht locker, überarbeitete alte Geschichten, schrieb neue und lernte mich selbst dabei immer besser kennen. Alles, was wir äußern, sei es durch Bilder, Musik, Mode oder Literatur, erzählt letztendlich von uns selbst.

Wenn ich doch mehr Zeit zum Schreiben hätte! Das wünschte ich mir oft. Sollte ich wirklich bis zur Pensionierung damit warten?

Es gab so viel zu lernen! Ich vertiefte mich in verschiedene Genres. Jedes hatte seine eigene Gesetzmäßigkeit, jeder Charakter verlangte nach seiner eigenen Lebensgeschichte.

War es Fügung oder Zufall? Kurz vor meinem sechzigsten Geburtstag reagierte ein kleiner Verlag aus München auf eine meiner Geschichten. Nach zwei kleineren Werken schenkte mir dieser Verlag sogar das Vertrauen, eine historische Trilogie zu schreiben. Keine leichte Aufgabe neben dem Beruf, doch die Begeisterung verlieh mir fast unendliche Energie. Beim Recherchieren, Schreiben und beim Lektorat lernte ich mehr als in all den Jahrzehnten zuvor.

Beim Schreiben in Zeiten und Lebensläufen zu wandern ist wie eine Superkraft. Und mir vorzustellen, dass Leserinnen und Leser mitwandern, bereichert mich und verbindet mich mit ihnen. Es spielt keine Rolle, wie jung oder alt man ist, auch nicht, in welcher Weise das Werk veröffentlicht wird.

Längst habe ich erkannt, dass es nicht auf die äußeren Umstände meines Wunschtraumes ankommt, sondern auf deren Essenz. Nicht die Menge an verkauften Exemplaren oder die Zusage von Verlagen macht mich zur Autorin, sondern die Freude am Erzählen. Nach wie vor lebt in mir das Kind am Dachboden, das in der Bücherschachtel wühlt und den geliebten Schatz findet.

Ich selbst bin die Schöpferin neuer Schätze. So lebe ich meinen Traum.

Träume

VON DEM BESONDEREN MOMENT

EIN HAUS IN DEN WOLKEN
Iris

Seit meiner frühesten Kindheit war es mein Traum, in den Wohnpark Alterlaa zu ziehen. Schon seit meinem vierten Lebensjahr. Im Sommer 1994 nahm mich meine Mutter mit, um ihre Freundin in diesem Wohnpark zu besuchen.

Da wir nahe am Liesinger Bach wohnten, mussten wir nur stromaufwärts gehen, bis wir bei den großen Gebäuden von Alterlaa ankamen. Stets sah ich sie von unserem kleinen Bau zwischen den Häusern durchblitzen. Jeden Tag verschwand die sinkende Sonne hinter ihnen. Sie brachte die weißen Fassaden der Kolosse zum Erleuchten.

Doch in diesem Sommer 1994 stand ich zum ersten Mal direkt vor ihnen. Sie wirkten so unendlich hoch für den kleinen Knirps, der ich damals war. Als ich meinen Blick hob, wirkte es, als würden sie in den Wolken verschwinden.

Sie beeindruckten mich und ließen mich erschaudern. In meiner kindlichen Fantasie hätten sie jederzeit auf mich herabstürzen können.

Wir verbrachten einen schönen Tag bei dieser Freundin und gingen anschließend im Dachbad schwimmen. Ein Bad! Auf dem Dach eines Hochhauses! Das war ein unglaubliches Gefühl. Immer wieder musste ich an diese Erfahrung denken.

Zwei Jahre später wurde ich in einer nahegelegenen Volksschule eingeschult. Auch die Mittelschule besuchte ich im Schoße des Wohnparks. Jeden Tag, wenn ich auf den Bus wartete, sah ich zu den Bauten hoch.

Besonders beeindruckend war es, wenn dichter Nebel herrschte und die Gebäudespitzen in den Wolken verschwanden. Ich fragte mich dann immer, wie es wohl sein musste, dort oben zu wohnen. Ein Haus in den Wolken.

Mein ganzes Leben schien sich stets am Fuße der Bauten abzuspielen: Meine Lehre zur Grafikerin machte ich in einem Büro des Kaufparks, der dort lag. Mein Ausbildner war selbst in den Bauten aufgewachsen. Als der Tag kam, an dem ich bereit war, von zu Hause auszuziehen, meldete ich mich sofort für eine kleine Wohnung in den Alterlaaer Bauten an.

Wegen einer Beziehung zog ich aber erst mal auf die andere Seite Wiens, nach Floridsdorf. Mit den Jahren schien Alterlaa in immer weitere Ferne zu rücken.

Bis mein jüngerer Bruder, der sich immer wieder mit meiner Mutter in die Haare bekam, eine eigene Wohnung benötigte. Und da mir nun nach all den Jahren, in denen ich angemeldet gewesen war, eine Wohnung in Alterlaa zustand, gab ich diese an meinen Bruder weiter. So wohnte also fortan er im Wohnpark.

Als meine Beziehung endete, weil mein Exfreund zurück nach Niederösterreich ging, zog es auch mich nach Hause zurück. Ich meldete mich erneut in Alterlaa an und wartete.

Im Kaufpark von Alterlaa lief ich schließlich dem Mann, der als Junge mit dreizehn Jahren meine erste Liebe gewesen war, über den Weg. Ich kannte ihn seit meiner Kindheit, er war der beste Freund meines Bruders gewesen. Nun war er geschieden und suchte, so wie ich, nach einer festen Beziehung. So kam es, dass wir bald gemeinsam auf eine Wohnung in Alterlaa warteten. Volle vier Jahre lang.

Dann war es endlich so weit: Wir bezogen unsere eigenen vier Wände. Die Wohnung lag im vierzehnten Stock. Wir hatten vier Zimmer, da wir planten, eines Tages sowohl seine zwei Kinder aus erster Ehe als auch unser eigenes mit uns leben zu lassen. Das war zumindest der Plan. Doch das Schicksal hatte andere Vorstellungen.

Nur ein halbes Jahr später kam die Trennung. Mein Ex-Verlobter zog für die Arbeit nach Kärnten. Ich blieb zurück in der großen Wohnung. Doch allein konnte ich die Kosten dafür nicht stemmen.

Zum Glück hatte die Hausverwaltung Mitleid mit mir. Unter der Voraussetzung, dass sich innerhalb von drei Monaten Nachmieter fanden, durfte ich mich erneut einreihen und auf eine kleinere Wohnung hoffen.

Die Hoffnung erfüllte sich. Ich bekam eine kleine Kabinettwohnung, groß genug für mich und zwei Kater. Seit dieser Zeit sind nun zweieinhalb Jahre vergangen.

Jede Woche besuche ich meinen kleinen Bruder und meine Schwägerin, wir unternehmen viel zusammen und ich bin dankbar, dass er damals seine Wohnung in den Bauten bezogen hat. Jedes Wochenende gehen wir entlang der Liesing spazieren. Und flussabwärts besuche ich meine Freundin aus Kindheitstagen.

Manchmal denke ich noch daran, wie ich als Kind die sinkende Sonne hinter den Gebäuden des Wohnparks verschwinden sah.

Heute stehe ich auf meinem Balkon und beobachte von dort den Sonnenuntergang, von meinem Haus in den Wolken.

DIE BALLONFAHRT
Gabriele

Schon als Kind verspürte ich Freude, wenn ein Ballon am Horizont auftauchte. Ich rief dann die ganze Familie hinaus in den Garten, um das Schauspiel zu beobachten. Manchmal, wenn der Ballon nicht zu hoch über uns schwebte, winkten wir hinauf und waren begeistert, wenn wir sahen, dass jemand zurückwinkte. Ich stellte mir immer vor, wie es wohl sein würde, selbst in so einem Korb zu stehen und auf die Landschaft hinunterzublicken.

Aber wie sollte sich dieser Traum je erfüllen? Zumindest zu dieser Zeit war eine Ballonfahrt für mich noch unerschwinglich. Also gab ich mich damit zufrieden, dieses Spektakel von der Erde aus zu beobachten.

Es vergingen Jahre. Ich lernte meinen heutigen Partner kennen. Wir sprachen oft über unsere Wünsche und Träume und so erzählte ich ihm, dass es mein Kindheitstraum war, einmal im Leben Ballon zu fahren.

So kam es, dass ich an einem wunderschönen, bitterkalten Wintertag im Jänner im steirischen Murau den Korb eines Ballons bestieg. Ein mulmiges Gefühl überkam mich, in diesem kleinen Korb für vier Personen den Boden unter den Füßen zu verlieren. Aber als wir über die Berge schwebten, ergriff mich ein einzigartiges, unaussprechliches Gefühl. Ich stand schweigend in der Ecke des Korbes und bewunderte die Schneekristalle, die von der Sonne zum Leuchten gebracht wurden. Ich genoss diesen Moment in vollen Zügen. Es war der Augenblick, an dem mein Kindheitstraum in Erfüllung ging.

Nach gut einer Stunde landeten wir im Schnee und meine »Taufe« stand bevor. Die Ballontaufe ist ein Brauch, bei dem Ballonfahrende nach ihrer ersten Fahrt feierlich mit den vier Elementen »getauft« werden. Normalerweise wird dabei etwas Erde im Haar verrieben, die Luft, in der ein Ballon aufsteigt, trocknet sie, und eine Strähne wird vom Feuer verbrannt, das den Ballon fliegen lässt. Sofort wird die Strähne dann mit Wasser (in den meisten Fällen Sekt) abgelöscht.

Als mir ein paar Tropfen des eiskalten Sekts den Rücken hinunterliefen, hätte ich fast aufgeschrien.

Nach der Taufe bekommt man vom Ballonfahrer auch einen lustigen Namen. Aufgrund meiner schweigsamen Fahrt wurde ich zu »Gräfin Gabriele, die ruhige Korbeckensteherin«. Damit war ich nun offiziell eine Ballonerin.

Träume darf man nie aufgeben. Selbst, wenn es Jahre dauern sollte, weiß man nie, wann sie sich erfüllen.

DIE SCHLITTENFAHRT
Sabine

Was bedeutet eigentlich Glück?

Für mich bedeutete es, vor einigen Jahren einen langersehnten Wunsch erfüllt zu bekommen. Heute bedeutet es für mich die Erinnerung daran, wie es war, als dieser Traum in Erfüllung ging.

Im Februar 2011 bekam ich von meinem Mann Martin ein sensationelles Valentinstagsgeschenk. Gemeinsam mit unserer vier Jahre alten Tochter waren wir in einer Ferienwohnung in der Steiermark einquartiert. Es war mein größter Traum, mit einem Gespann von Huskys Schlitten zu fahren. Und dieser sollte sich bereits morgen erfüllen!

Martin hatte einen Workshop gebucht, bei dem ich Schritt für Schritt in die Welt der Musher (Hundeschlittenführer) eingeführt wurde.

Ich war überglücklich und sehr aufgeregt! Ich hatte von diesem Erlebnis im Schnee mit den Huskys schon lange geträumt. Am nächsten Morgen waren wir in Winterklamotten startklar. Meine Aufregung war ansteckend, denn auch unsere Tochter war schon ganz zappelig vor Neugier. Zunächst lernten wir das Team der Musher und die Huskys kennen.

Bevor ich auf dem Schlitten mit einem Sechsergespann eine Ausfahrt machen durfte, wurde ich noch mit der Handhabung (Einspannen der Hunde, richtige

Reihenfolge, Bremsen, Lenken, Beschleunigen) vertraut gemacht.

Gleich sollte es losgehen!

Auch meine Tochter war von den Tieren begeistert, sie zeigte keine Scheu und wälzte sich mit einigen der zutraulichen Hunde des Rudels im Schnee. Das Gebell und Geheul der Huskys war ohrenbetäubend. Einer der Musher erklärte uns, dass sich die Tiere durch dieses Gebell in Stimmung brachten und schon voller Motivation der Ausfahrt entgegenfieberten.

Meine Aufregung war kaum zu zügeln und ich war total begeistert. Das Adrenalin schoss durch meinen Körper!

Nachdem ich mein Gespann vorbereitet hatte, waren die Tiere kaum noch im Zaum zu halten.

Es ging endlich los!

Ich löste die Bremse und startete meine Ausfahrt. Ein Parcours führte über eine kleine Brücke in den Wald und dann hinaus auf eine kleine Lichtung. Auf dieser konnte ich den Schlitten gut in der Spur halten und ließ die Hunde laufen. Dabei wurden sie immer schneller. Kraftvoll glitt der Schlitten durch den Schnee. Es war ein herrlicher Wintertag und die Sonnenstrahlen legten einen glitzernden Schimmer über die verschneite Landschaft. Ich spürte die Lust der Tiere am Laufen und ließ die Natur und die Ruhe, die von ihr ausging, auf mich wirken. Nach einer langgezogenen Kurve brachten mich die Hunde wieder zurück zur Basis, wo die anderen Kursteilnehmer warteten. Dieser Moment zählt zu den schönsten in meinem Leben. Diese Kraft und Leidenschaft, diese Stärke und Sehnsucht, mit der die Huskys durch die Landschaft liefen, übertrug sich auf mich und mein Kopf war angenehm leer.

Dieses Gefühl von totaler Gedankenfreiheit und Einklang mit der Natur habe ich in dieser Form nie wieder erfahren.

Mein Mann und meine Tochter begrüßten mich.

Überwältigt von diesem traumhaften Gefühl beendete ich meinen Ausflug.

Ich bin dankbar für dieses einzigartige Erlebnis. Es bleibt unvergesslich. Heute, im Jahr 2024, bin ich durch eine Erkrankung halbseitig gelähmt und sitze im Rollstuhl. Es gibt mir viel Freude, an dieses Erlebnis zurückzudenken und das Gefühl der Freiheit zu spüren das mich bei dieser Ausfahrt erfüllte. Mein Traum ist Wirklichkeit geworden und gibt mir bis heute Kraft.

DER AUFSTIEG
Margareta

»Wer seinen Traum verwirklichen will, muss aufwachen.«

Das hatte ich irgendwo gelesen. Aber was sollte das bedeuten? Ich hatte einen Traum, aber er war so ungewöhnlich, dass er neben Kinderbetreuung, Berufsleben, schweren Erkrankungen und vor allem aus finanzieller Sicht kaum erfüllbar schien.

Als mein Mann nach einem Unfall und zwei Operationen zum Pflegefall wurde, begrub ich meinen Traum endgültig. Nicht mit dem Schicksal hadern, sagte ich mir. Den Tag annehmen, wie er kommt. Neben seiner schweren Behinderung litt er zunehmend an einer Herzkrankheit und Diabetes. Wir wussten beide, dass unsere Zeit begrenzt war. Als Gott eines Nachts das große Amen über ihm sprach, war ich dennoch sehr betroffen.

An meinen einstigen Traum dachte ich damals schon lange nicht mehr. Bis ich durch puren Zufall erfuhr, dass Sechzig-plus-Touren zum höchsten Punkt Afrikas angeboten wurden: dem Kilimanjaro.

Es hieß jetzt oder nie.

Denn genau das war immer mein großer Traum gewesen. Der sagenumwobene Kilimanjaro mit seinen fast 6.000 Metern Höhe. Ich absolvierte einen Höhentest, ließ mich vom Internisten untersuchen und legte einen Leistungstest ab. Danach buchte ich die Tour. Ab sofort begann ich mit meinem Training. Denn ich wusste, ich würde an meine Grenzen gelangen. Dennoch wollte ich es riskieren.

»Ist das wirklich, was du willst?«, fragte ich mich. »Oder verschiebst du bloß die Aufarbeitung der letzten Jahre?« Eine Garantie, dass ich es schaffen würde, dass ich bis ganz oben durchhalten konnte, hatte ich nicht. Aber scheitern ist, es gar nicht zu versuchen!

Als ich den Bergführer und die anderen Teilnehmer der Tour kennenlernte, war ich sehr bewegt. Wir sahen einen Film und hörten einen Vortrag über die bevorstehende Expedition. »Meist schaffen es nicht alle«, warnte uns der Bergführer. »Und meistens geben am Ende genau die auf, von denen man es nicht erwarten würde.« Bereits zum siebten Mal würde unsere Bergführerin den Kilimanjaro besteigen. Ihr Respekt vor dem Berg war mit jedem Mal größer geworden.

»Höhe, Kälte und Sturm sind unsere größten Feinde am Berg«, sagte sie. »Das Alter sagt nichts über den Erfolg aus. Teils müssen junge Leute wegen der Höhenkrankheit absteigen, während Siebzigjährige am Gipfel stehen.«

»Wenn es losgeht, bin ich zweiundsiebzig«, rief ich dazwischen. Alle Blicke wandten sich mir zu.

Wieder zu Hause packte ich meinen Trosssack. Ich erstellte eine Liste der erforderlichen Vorbereitungen: Impfungen, Ausrüstung, Literatur und vor allem Training. Schließlich war es so weit: Das Abenteuer begann!

Wir flogen von Wien nach Amsterdam und weiter nach Nairobi. Nach einer kurzen Nacht fuhren wir in den Amboseli-Nationalpark. Das Ziel hatten wir immer im Blick, ragte der Kilimanjaro doch majestätisch vor uns auf und war bereits aus der Ferne gut zu sehen.

Vom ersten Tag an zeigte sich uns der Berg wolkenfrei, sodass wir bis zur Spitze blicken konnten. Mit jedem Tag wurde ich zuversichtlicher, am Ende der Woche auf dem Gipfel zu stehen.

Wir näherten uns langsam an. Zuerst bezogen wir eine Lodge in einem Nationalpark an der Grenze zu Tansania. Die Eingehtour erfolgte bei mörderischer Hitze und hoher Luftfeuchtigkeit im dortigen Regenwald. Zurück im Gästehaus ging es um die letzten Vorbereitungen.

Am nächsten Tag ging es los. Am Machame Gate lernten wir unseren einheimischen Bergführer kennen. Durch den dichten Regenwald marschierten wir auf 3.100 Meter Höhe, wo unser erstes Zeltlager auf uns wartete.

Im Reiseführer hieß es, dass die Machame-Route mit ihren Kletterpassagen sehr anspruchsvoll sei. Es ging steil bergauf. Wir querten Schluchten und Kämme mit tiefen Abgründen. Schwindelfreiheit und Trittsicherheit wurden auf die Probe gestellt. Täglich wurde es kälter und der Wind rüttelte immer stärker an unseren Zeltwänden.

Als wir schließlich den Lava Tower in 4.600 Meter Höhe erreichten, wurden manche von Kopfschmerzen und Übelkeit überfallen. Mir ging es zum Glück weiterhin bestens. Die dünner werdende Luft konnte mir offenbar nichts anhaben. Die Anstrengung war dennoch enorm. Es ging bergauf und bergab, über nackte Felswände und tiefe Abgründe.

Jeden Tag bewunderte ich die Träger. Ihre Leistung war unvorstellbar. Sie schleppten unsere Säcke, Lebensmittel und Zelte von einem Lager ins nächste und blieben dabei immer freundlich.

Die letzte Nacht vor der Gipfelbesteigung war so kalt und stürmisch, dass ich daran zweifelte, jemals oben anzukommen. An Schlaf war nicht zu denken. Um Mitternacht marschierten wir, mit Stirnlampen gerüstet, Richtung Gipfel. Ich befolgte alle Ratschläge und ging so langsam wie möglich, besessen von dem Ziel, den Sonnenaufgang auf dem Gipfel zu erleben.

Das Atmen wurde zunehmend schwerer. Die Beine fühlten sich an wie aus Blei. Müdigkeit schlich sich in meine Glieder. Doch ich gab nicht auf. Zu nah war ich dem Ziel.

Um 6.30 Uhr stand ich am höchsten Punkt des Kilimanjaro, dem Uhuru Peak, und weinte. Ich ließ meinen Talisman, den Rosenkranz meines verstorbenen Mannes, dort oben zurück. In diesem Moment war ich der glücklichste Mensch unter der aufgehenden Sonne. Ich war sicher, dass mein Mann seine schützende Hand über mich gehalten hat. So hat er mir geholfen, meinen Lebenstraum doch noch zu verwirklichen.

SCHINKEN UND SPECK
Gernot

Mit meiner Frau und meinen vier Kindern lebe ich in einem idyllischen Haus nahe dem Naturschutzgebiet Untere Marchauen. Bereits als kleiner Junge hegte ich den ungewöhnlichen Traum, eines Tages ein wildes Tier großzuziehen. Die Faszination für die Tierwelt begleitete mich mein ganzes Leben.

Viele Jahre später, ich war bereits 54 Jahre alt und als erfahrener Jäger und Jagdleiter tätig, erreichte mich eine aufregende Nachricht. Zwei kleine Wildschweine waren in einem alten Pferdestall in der Nähe des Naturschutzgebiets entdeckt worden. Gemeinsam mit meinen abenteuerlustigen Freunden machte ich mich sofort auf den Weg, um die Frischlinge zu retten.

Die beiden Wildschweine waren schwach und hungrig, als wir bei ihnen ankamen, aber voller Lebensfreude. Wir zogen sie mit der Flasche groß und bald schon entwickelten sie einen unbändigen Entdeckergeist. Angetrieben von dieser Neugierde gelang es Schinken und Speck, wie wir sie liebevoll nannten, aus ihrem Gehege zu entkommen und die Umgebung unsicher zu machen.

Die beiden zogen durch Wälder und Wiesen, sorgten sicherlich für einige Aufregung und noch mehr Staunen. Kaum hatten wir ihr Verschwinden bemerkt, machten meine Familie, einige Freunde und ich uns auf die Suche. Hoffentlich war ihnen nichts passiert!

Schließlich fanden wir Schinken und Speck im örtlichen BILLA, wo sie vergnügt an Maiskolben knabberten und die anderen Einkäufer begeisterten.

Während ich diese beiden Wildschweine mit meiner Familie großziehen durfte, lernten meine Kinder viel über Verantwortung und Mitgefühl. Schinken und Speck gehörten zur Familie. So fiel es uns schwer, sie gehen zu lassen, als sie irgendwann stark genug waren, um in einem nahegelegenen Tierpark ihr neues Zuhause zu finden.

Doch als wir sie verabschiedeten und im Wald verschwinden sahen, durchströmte mich ein überwältigendes Gefühl der Erfüllung. Denn mein Traum, ein wildes Tier zu retten und großzuziehen, war tatsächlich wahr geworden. Als Familie hatten wir gelernt, dass gemeinsame Anstrengung und Liebe Berge versetzen können. Die Erinnerung an die Zeit mit Schinken und Speck wird für immer in unseren Herzen bleiben.

Manchmal erfüllt sich ein Traum erst durch einen Abschied.

TRÄUMEN MIT DEN FÜSSEN
Doris

Ich bin im Sternzeichen der Fische geboren, mein Aszendent jedoch ist der Steinbock. Der Fisch ist verträumt, nicht leicht zu kriegen, schlängelt sich durch, träumt in den Tag hinein. Der Steinbock hingegen ist knallharter Realist und holt einen manchmal brutal in die Wirklichkeit zurück. Ich glaube, jeder Astrologe hätte seine Freude mit mir, denn ich spiegle beides wider.

Mittlerweile bin ich 64 Jahre jung und scheue mich nicht, zu meinem Alter zu stehen, denn Alter bedeutet Leben!

Wie viele andere auch, hatte ich kein einfaches Leben. Meine Mutter verstarb früh, somit musste ich bald selbstständig werden. Noch dazu leidet meine einzige Tochter an einer schweren Krankheit.

Trotz dieser Umstände bin ich positiv und optimistisch geblieben. Vom Teenageralter an war ich besessen von lateinamerikanischen und Ballroom-Tänzen, also Standardtänzen. Jede Übertragung eines Tanzevents wollte ich sehen. Einmal bin ich sogar meinem damaligen Lieblingspaar, Donnie Burns und Gaynor Fairweather, nach Graz hinterhergefahren, um sie beide live sehen zu können.

Bald schon meldete ich mich in einer Tanzschule an, denn ich wollte die Musik spüren, jeden Takt und seine Schwingungen fühlen. Von Salsa bis Tango, alles habe ich getanzt, mit Leidenschaft, Kraft und Hingabe. Meine Seele war stets auf dem Parkett.

Mein größter Wunsch war es, ein Turnier zu bestreiten. Doch das Schicksal wollte es anders. Familiäre Umstände kamen dazwischen und ich beendete meine Tanzkarriere. Dennoch habe ich mich stets nach der Kraft gesehnt, die mir das Tanzen gab.

Die folgenden Jahre, und derer gab es viele, musste ich all meine Kräfte in meine Familie stecken. Der Wunsch, weiterzumachen, blieb im Verborgenen. Für mich allein tanzte ich Choreografien nach, frischte Schritte auf, aber manchmal verließ mich die Kraft, um wirklich an meinen Traum zu glauben. Ich dachte, ich würde nie wieder tanzen.

Bis meine Tochter einen Kurs in einer Tanzschule besuchte. Ich war oft anwesend. Als ich die jungen Frauen beobachtete, erwachte das Feuer wieder in mir. Diese Lust an der Bewegung! Im reifen Alter von 54 Jahren suchte ich mir einen Privatlehrer und holte alles wieder hervor.

Als ich merkte, dass ich mein Talent behalten hatte, wollte ich mehr. Ich fand einen Tanzpartner, ein ehemaliger Staatsmeister, und wir arbeiteten hart, um meinen Traum eines Turniers zu erfüllen. Doch dann kam Corona und die Tanzparkette blieben leer.

2021 starb mein Tanzpartner. Ich war verzweifelt und traurig. Doch ich wollte nicht aufgeben. Durch eine Freundin knüpfte ich Kontakt zu einem Tänzer und wir begannen, gemeinsam zu arbeiten. Nach einem Jahr äußerte ich endlich den Wunsch, bei einem Turnier teilzunehmen.

Dreizehn Monate arbeiteten wir unglaublich hart. Wir übten die Technik, ich vergoss viel Schweiß und auch einige Tränen, aber lange hatte ich mich nicht mehr so lebendig gefühlt. Die Leidenschaft, die mich antrieb, war unbeschreiblich.

Vor meiner Familie und meinen Freunden hielt ich meinen Traum knapp ein Jahr geheim. Oft war ich kurz davor, abzuspringen, weil ich mir das alles nicht zutraute. Ich hatte ein wunderschönes, türkisblaues Kleid in Auftrag gegeben, geschmackvoll und dezent. Als ich es das erste Mal trug, fühlte ich mich wie Cinderella.

Die erste Practice, bei der man vor Publikum tanzen musste, war die Hölle für mich. Das war völlig unbekanntes Terrain. Doch die Energie der Kolleginnen und Kollegen hüllte mich förmlich ein und trug mich durch meinen Tanz.

Im November 2023 war es schließlich so weit. Die Choreografien waren fertig, die Schritte in meinem Kopf, ich stand am Parkett.

Was ich dort erleben durfte, nach den vielen Monaten der harten Arbeit, war nichts als Freude, Leidenschaft, Glück. Ich bin nicht süchtig nach Pokalen, bin keine Trophäensammlerin, ich möchte einfach tanzen, jeden Ton spüren, die Musik mit meinem ganzen Körper ausfüllen und mein Herz aufs Parkett legen. Genau das ist mir bei diesem Turnier gelungen. Und ich habe es tatsächlich gewonnen!

Der Stolz, der mich bei der Siegerehrung überkam, war überwältigend. Bis jetzt hat mich die Leidenschaft nicht verlassen, denn ich tanze noch immer und habe, wenn alles klappt, bald zwei weitere Turniere.

Es gibt ein Sprichwort: Tanzen ist Träumen mit den Füßen. Für mich trifft das vollkommen zu.

MEIN ONKEL, DER SCHAFHIRTE
Haris

In meiner Kindheit verbrachte ich viel Zeit bei meiner Familie in Jugoslawien, vor allem bei meinen Großeltern. Während der Ferien und Wochenenden fuhren wir oft zu ihnen. Es war eine sehr große und liebevolle Familie.

Das jüngste Kind meiner Großeltern war mein Onkel Elvir, ein Schafhirte. Er war nicht nur mein Onkel, sondern auch mein bester Freund und mein Vorbild. Warum? Er war glücklich mit seinem Leben und brachte mich und andere immer zum Lachen. Immer wenn ich in Jugoslawien war, begleitete ich ihn und seine Schafe auf die Weiden. Für mich war jeder Tag ein tolles Erlebnis und ich liebte es, mit ihm und seiner Herde loszuziehen. Es waren glückliche Zeiten.

Dann brach der Krieg aus.

Menschen wurden vertrieben und systematisch ermordet, weil sie einem anderen Glauben angehörten. Als der Krieg begann, war ich dreizehn Jahre alt und mein Onkel siebzehn. Viele Zivilisten verschwanden und man wusste nicht, was mit ihnen geschehen war. So auch mein Onkel. Seine menschlichen Überreste fand man im September 2010 in einem Massengrab.

Mein Traum und großes Ziel war es, meinem Onkel und all den anderen Opfern des Bosnienkrieges ein filmisches Denkmal zu setzen. Sie sollten nie in Vergessenheit geraten. Anfang der 2000er schrieb ich ein Drehbuch, doch es sollte bis zum Jahre 2006 dauern, ehe die Dreharbeiten begannen. Gefilmt wurde am Originalschauplatz in Bosnien-Herzegowina mit damaligen Zivilisten, also Zeitzeugen. Mein Großvater, der den Krieg überlebt hatte, mimte sich im Film selbst.

Ich glaubte an meinen Traum und wusste, wenn ich genügend Zeit und Kraft investierte, konnte ich diesen Film verwirklichen. Nur das blieb mir, denn Finanzierungen blieben aus. Mit Überzeugung und der Unterstützung meiner Familie, meiner Freunde und guter Bekannter schafften wir gemeinsam ein Mahnmal für die Opfer dieses schrecklichen Krieges. Und meinem Onkel Elvir.

Most – The Bridge wurde weltweit bei Filmfestivals gezeigt und mit einigen internationalen und nationalen Awards ausgezeichnet. Unter anderem wurde der Kurzfilm auch bei den Filmfestspielen in Cannes, im Short-Corner, vorgeführt. Doch mein Ziel war es nie, Filmpreise oder Auszeichnungen zu erhalten, sondern an die Opfer dieses Krieges zu erinnern. Sie sollten nie in Vergessenheit geraten. Ich denke, das ist uns gelungen. Ein Traum kann, wenn er stark genug ist, sogar eine Brücke in die Vergangenheit schlagen und selbst die Schrecken des Krieges überwinden.

HERZEN AM HIMMEL
Guenther

Als Kind war es mein Traum, Profi zu werden. In was genau, war mir gar nicht so wichtig. Aber in irgendetwas zur Spitze gehören, nicht bloß durchschnittlich zu sein, das war mein Ziel. Sportlich spielte mein Körper leider nicht mit, in anderen Bereichen fehlte mir das Talent. Als Jugendlicher fand ich mich damit ab, dass mein Traum wohl unerreichbar war.

Mit der Zeit entwickelte sich eine besondere Leidenschaft für das Modellfliegen. Als ich begann, dachte ich gar nicht daran, eines Tages Modellfliege-Profi werden zu können. Ich tat es einfach, weil es mir große Freude bereitete. Und so wurde ich darin immer besser und besser.

Es war im Jahr 2018, als ein Freund zu mir kam und mir ein Video von den Olympischen Spielen zeigte. Dort war eine Show mit fliegenden Drohnen zu sehen. »Glaubst du, kann man das bei uns auch machen?«, fragte er. »Das wäre doch ein Traum!«

Bei uns, das bedeutete konkret: Im Winter, bei Wind, Schnee und Kälte, mit fünfzig Drohnen in einer Formation zu fliegen, das Ganze in Perfektion, damit sich wunderschöne Muster und Formen daraus ergaben.

War das möglich? Diese Frage verfolgte mich in den nächsten Wochen jede Sekunde und bescherte mir viele schlaflose Nächte. Ich reiste nach Lettland, Belgien und

Italien, um dort Kurse zu besuchen, die mir eine Antwort auf diese Frage geben sollten. Sehr viele Mails gingen rund um den Globus und nicht nur einmal schien dieser Traum kurz vor dem Platzen.

Denn niemand konnte so recht sagen, wie sich die Verhältnisse in unseren Bergen auf den Drohnenflug auswirken würden. Immerhin gab es keine Vergleichsmöglichkeiten. So etwas hatte noch niemand zuvor gemacht.

Doch ich hielt das Bild in meinen Gedanken fest. Ich wollte, dass die fünfzig Drohnen ein riesiges Herz in der Luft formten. Was das für ein Bild wäre! Entscheidend war, dass ich Menschen fand, die an mich und meine Idee glaubten. Die mir Sicherheit und Kraft gaben, wenn sie mir selbst einmal fehlte. Ohne sie hätte ich wohl aufgegeben.

Es gab viele Rückschläge und oft dachte ich mir bloß: »Was bist du nur für ein Trottel.« Aber ich machte weiter. Und irgendwann stand der Tag X fest und kam immer näher. *Entweder ich zeige den Menschen etwas, das sie noch nie gesehen haben,* dachte ich – *oder sie werden mich verprügeln.*

In den Wochen davor verlief so gar nichts nach Plan. Wir flogen bis spät in die Nacht, aber keine Probe funktionierte. Die kleinen Biester hatten sich gegen mich verschworen. Zwei Tage vor dem Tag X dann der erste Hoffnungsschimmer: Im Ansatz zeigten die Drohnen das, was ich von ihnen wollte. Aber ich war knapp davor, alles hinzuschmeißen. Denn warum die Drohnen nicht so flogen, wie ich es wollte, konnte ich mir einfach nicht erklären.

»Du«, sagte ich zwei Tage vor dem Ereignis zu meinem guten Freund, »lassen wir es bleiben. Sagen wir ab.«

»Nein«, sagte er bestimmt. »Morgen wird alles perfekt laufen. Du wirst sehen.«

Und tatsächlich, bei der Generalprobe am nächsten Tag funktionierte es. Gemeinsam mit meiner Freundin ging ich noch einmal jeden einzelnen Schritt durch, bis wir so geschafft waren, dass wir uns einfach dem Schicksal ergaben. Was auch immer kommen würde, wir akzeptierten es.

Und dann war der Tag X da. Der Tag, auf den wir jahrelang hingearbeitet hatten. Auf den wir all unsere Träume ausgerichtet hatten. Die Show begann, knapp 2.000 Menschen sahen in Serfaus die Weltpremiere einer Drohnenshow, die es so noch nie gegeben hatte. Unser Traum wurde wahr, die von uns vorgestellten Bilder standen wie gemalt am Himmel. Meine feuchten Augen leuchteten, als ich nach oben blickte. Ich weiß nicht, wie viele Tränen ich an diesem Abend vergoss und wie viele Umarmungen ich bekam. Gemeinsam als Team hatten wir es geschafft, aus unserem Traum Wirklichkeit zu machen. Das Ganze passierte im Dezember 2022. Mittlerweile konnten wir über 100.000 Besucher in über sechzig Shows von groß bis klein, jung bis alt, begeistern. Die atemberaubenden Bilder von Herzen am Nachthimmel werden sie wohl nie vergessen.

Doch das ist noch nicht alles: Als professioneller Modellflugpilot durfte ich mittlerweile zahlreiche Länder bereisen. Zu meinen schönsten Erfahrungen gehörte eine Show vor tausenden Menschen in Indien. 2022 schaffte ich es, einen Modellhubschrauber auf 3.440 Metern Höhe zu fliegen, was einen Weltrekord darstellte, der vom Rekordinstitut Deutschland bestätigt wurde und in den Weltrekordbüchern hinterlegt ist.

Wer nicht will, findet Gründe, wer will, findet Wege – das war und ist mein Motto. Ich bin sicher, dass jeder Mensch einen Funken in sich trägt. Wer seinen Traum lebt, macht aus diesem Funken ein Feuer, das unser Leben zum Leuchten bringt.

Träume

RUND UM DIE FAMILIE

MEIN TRAUM NAMENS LEON
Beatrix

Ich war gerade 26 Jahre alt geworden. Mein Leben war schön. Ich absolvierte eine interessante Ausbildung, schnappte mir einen tollen Job. Ich war Behindertenbetreuerin in einer Einrichtung bei uns im Ort. Ich habe meinen Job geliebt.

Gemeinsam mit meinem Mann renovierte ich eine Wohnung. Wir fühlten uns wohl dort, zu Hause. Meine tollen Freunde und meine Familie rundeten mein Leben ab. Es schien perfekt.

Bis ich an einem Sonntagmorgen einen Knoten in meiner Brust spürte. Ich reagierte schnell. Nach einigen Untersuchungen stellte sich heraus, dass ich Brustkrebs hatte. Ein sehr aggressiver Krebs. Schnell wurde klar, dass ich eine ebenso aggressive Chemotherapie benötigen würde.

Trotz des Schocks war mir eines sofort klar: ICH WILL LEBEN.

Nach einigen Gesprächen mit meinen Ärzten verstand ich, dass ich nach dieser Chemotherapie keine Kinder mehr bekommen konnte. Es gab allerdings ein Implantat, mit dem ich diese Nebenwirkung ausgleichen und trotz der Behandlung schwanger werden könnte.

Vor meiner Erkrankung hatte ich mir über Kinder keine Gedanken gemacht. Aber seit dem ersten Stich des Implantats (das Präparat musste alle 28 Tage mit einer Spritze verabreicht werden), konnte ich nur an meinen Leon denken.

Leider hatte dieses Medikament massive Nebenwirkungen. Manchmal waren die Schmerzen so extrem, dass ich mich kaum bewegen konnte. An manchen Tagen war es unerträglich. Bis heute habe ich einige Einschränkungen. Körperlich bin ich schwach, die Schmerzen kehren immer wieder.

Aber mein Mann und ich wollten nicht aufgeben. Trotz aller Schwierigkeiten wollten wir unseren Traum erfüllen. Unseren Leon.

Und was ist passiert?

Heute trage ich diesen Traum täglich im Arm.

Mein Traum von damals liegt jetzt neben mir und strahlt mich an. Er blickt mit seinen Augen direkt in mein Herz.

Wir sind dankbar, unseren Traum jeden Tag leben zu dürfen.

Meinen Traum namens Leon.

DIE WELTMEISTERSCHAFT
Nina

Ich möchte die Geschichte meiner Tochter erzählen.

Es ist die Geschichte des Traums meiner Tochter, der wahr geworden ist.

Meine Schwangerschaft verlief fast bis zum Ende ohne Komplikationen. Bei einer Routineuntersuchung etwa drei Wochen vor dem Geburtstermin stellte sich allerdings heraus, dass ich eine Gestose hatte. Meine Tochter musste also sofort zur Welt gebracht werden. Aufgrund der Beckenendlage kam nur ein Kaiserschnitt infrage.

Die Operation verlief gut, wir beide waren wohlauf. Bei den Untersuchungen danach stellte sich jedoch heraus, dass meine Tochter an einer Hüftdysplasie litt, also einer Fehlbildung des Hüftgelenks. Nach der Entlassung sollten wir so rasch wie möglich einen Facharzt konsultieren.

Dieser teilte uns mit, dass meine Tochter nach zwölf Monaten eine Spreizhose würde tragen müssen. Vierundzwanzig Stunden am Tag, sieben Tage die Woche. Bloß beim Wickeln und Baden durften wir die Hose abnehmen. Für ein Neugeborenes, das ohnehin die meiste Zeit schläft, ist das noch keine allzu große Einschränkung.

Nach den drei Monaten mussten wir allerdings feststellen, dass die Therapie nicht den gewünschten Erfolg brachte. Meine Tochter musste die Spreizhose weitertragen, so lange wie möglich. Sie würde, so die Diagnose des Arztes, nie Sport machen können, eine Befreiung für den Turnunterricht brauchen und als Erwachsene eine Hüftoperation benötigen.

Diese Diagnose traf uns alle sehr. Doch wir gaben die Hoffnung nicht auf. Wir holten uns bei einem anderen Facharzt eine zweite Meinung ein. Dieser war der Ansicht, dass die Hüfte meiner Tochter geheilt werden könne, wenn wir eine andere Therapie verfolgten.

Tatsächlich war sie nach drei Monaten geheilt. Meine Tochter wuchs heran, sie wurde ein aktives und bewegungsfreudiges Kind. Sie übte Purzelbäume, Brücken und Handstände. Früh wollte sie ins Kinderturnen, wo sie ihren Bewegungsdrang richtig ausleben konnte.

Als die Volksschule begann, fuhr ich sie zu ihrem ersten Probetraining für Sportakrobaten in unserem Bezirk. Sie war sofort Feuer und Flamme. In der Kindergruppe erlernte sie die Basics und hatte stets viel Freude am Turnen. Damals nahmen ein paar Formationen ihres Vereins sogar bei der Weltmeisterschaft in Paris teil. Da wurde meiner sechsjährigen Tochter zum ersten Mal ihr großer Traum bewusst: »Ich fahre auch einmal zu den Weltmeisterschaften.«

Sie turnte bald mit einer Partnerin, was ihr Verantwortung und Teamfähigkeit beibrachte. Die beiden nahmen an nationalen Wettbewerben teil und gewannen ihre ersten Medaillen. Mit zwölf Jahren wurde eine Trainerin auf sie aufmerksam und holte sie in eine neue

Formation, die in einer höheren Wettkampfklasse startete. Allerdings bedeutete das mehr Training und weniger Freizeit. Auch der Leistungsdruck war höher.

Doch meine Tochter wurde von ihrem Traum getrieben. Sie gab das Geräteturnen und den Gitarrenunterricht auf und konzentrierte sich ganz auf die Sportakrobatik.

Mit ihrer neuen Formation, einem Damentrio, wollte sie bald darauf zur Europameisterschaft fahren. Sie trainierten wie verrückt, doch eine ihrer Partnerinnen zog sich eine Oberschenkelverletzung zu. Damit verpassten sie die Qualifikation und meine Tochter sah zu, wie Kolleginnen von ihr zur Europameisterschaft fuhren, während sie zu Hause bleiben musste. Sie erfuhr damals, wie nahe Erfolg und Pech beisammenliegen.

Doch meine Tochter trainierte weiter. Kämpfte noch härter für ihren Traum. Bis sie sich eine Sehnenscheidenentzündung im Unterarm zuzog. Ihre Karriere stand kurz vor dem Aus.

Doch dann kam die Coronapandemie und veränderte alles. Niemand durfte mehr trainieren, Veranstaltungen wurden abgesagt oder verschoben. Doch der Traum meiner Tochter blieb. Kaum waren die Lockdowns aufgehoben, wechselte sie zu einer neuen Formation. Trotz weiterer Lockdowns, Verletzungen und Rückschläge ließ sich meine Tochter nicht beirren. Sie verlor nie den Willen, die Geduld oder ihren Glauben, ihren Traum zu verwirklichen. Eines Tages stand endlich fest: Ihre Formation hatte sich für eine Weltmeisterschaft qualifiziert.

Ich sah meine Tochter in einem Livestream bei einer Weltmeisterschaft turnen. Ich dachte zurück an die Zeit, als sie ein Baby in einer Spreizhose war, das niemals würde Sport machen können. Und nun durfte ich als Mutter daran teilhaben, wie sich der Traum meiner Tochter erfüllte. Der in all den Jahren auch ein wenig mein Traum geworden war.

Das Team meiner Tochter nahm noch an weiteren Welt- und Europameisterschaften teil. Sie erreichten einmal den siebten Platz im Sportakrobatik-Worldcup in Portugal.

Schließlich beendete sie aus unterschiedlichen Gründen ihre Sportkarriere. Sie hat nun einen neuen Traum und ich bin mir sicher, dass sich auch dieser verwirklichen wird.

WIR SCHAFFEN DAS
Kara

Einer meiner großen Träume war es, Mutter zu werden, eine richtig coole und entspannte.

Ich habe drei Kinder, aber von cool und entspannt ist leider nicht viel übrig, denn mein Traum hat sich abgeändert in: »Wir schaffen das.«

Jetzt fragen Sie sich wahrscheinlich, warum man seine Träume so über Bord wirft und dennoch einen Text zu diesem Thema schreibt.

Die Änderung des Traums ergab sich schrittweise und hängt eng zusammen mit meinem Sandwichkind.

Bereits an jenem Tag, an dem ich von meiner Schwangerschaft mit ihm erfuhr, wurde er mein Sorgenkind. Wir wussten lange nicht, ob er gesund auf die Welt kommen würde. Erst in der dreißigsten Schwangerschaftswoche gab es Entwarnung. Ich dachte, es würde schon alles seinen Lauf nehmen. Doch Karli war ein Schreibaby, das schlimmste und lauteste Kind auf der Geburtenstation, und das hat sich bis heute nicht wirklich geändert.

Lange sprach Karli kein Wort. Mit drei Jahren wurde eine verdeckte Gaumenspalte festgestellt, aufgrund derer er auch nicht hören konnte. Die Diagnose: Sprachentwicklungsverzögerung, motorische Verzögerung, Entwicklungsverzögerung. Das Wörtchen »Verzögerung« war von nun an mein ständiger Begleiter.

Ein IQ-Test im Kindergartenalter belegte, dass er in der Schule große Probleme haben würde. Doch ich wollte den Kopf nicht in den Sand stecken. Vom Tag der ersten Diagnose bis heute haben wir Therapien in allen denkbaren Bereichen absolviert. Wir haben gemeinsam gelernt und Schularbeitsstoff erarbeitet. Für die Lehrerinnen in der Volksschule war er ein hoffnungsloser Fall, aber wir kämpften. Wir kämpften mit ADHS, mit Autismus, mit den Verzögerungen, und wir gaben nicht auf, obwohl die Volksschule ihn sehr schnell aufgab.

»Momentan geht es noch, aber nächstes Jahr nicht mehr. Er wird in seinem ganzen Leben keine Schreibschrift schreiben können.« Das und noch viel mehr hörten wir vom Lehrpersonal, das damit mein Kind und meine ganze Familie verunsicherte und ihnen das Selbstbewusstsein raubte. Doch wir kämpften weiter. Und es sieht so aus, als könnten wir gewinnen.

Noch sind wir nicht am Ziel, aber wir wissen, dass unser Sohn mit der Unterstützung von meinem Mann und mir alles schaffen kann. Er geht mittlerweile in die Mittelschule. Sein neuer IQ-Test belegt, dass er ein ganz durchschnittlich schlaues Kind ist. Er hat so viel aufgeholt! Wider allen Vorhersagen ist er im wohlverdienten Regelschulplan. Doch das hatte seinen Preis. Täglich kämpften und kämpfen wir für das, was er erreicht hat. Nichts fällt ihm in den Schoß. Er ist ein richtiger Kämpfer, ein beneidenswerter Kerl!

Manchmal bin ich am Rande meiner Kräfte, immerhin sind da auch noch zwei wunderbare Geschwister, denen ich gerecht werden will. Mein Traum von einem problemlosen Leben hat sich also in ein »Wir schaffen das« verwandelt. Aber so ist es eben: Träume ändern sich, alte vergehen und neue entstehen. Das Leben kommt dazwischen und macht auch vor Träumen nicht Halt.

Dieser neue Traum hat auch mich selbst verändert. Vor Karlis Geburt wusste ich nicht, wie stark und kämpferisch ich sein kann. Wie viel Ausdauer und Willenskraft in mir steckt. Wie wenig schon reicht, um mich glücklich zu machen und mir Kraft zu geben. Es sind die kleinen Siege, die das Leben lebenswert machen.

Vielleicht kann dieser Traum auch Karlis Geschwister inspirieren. Sie müssen oft zurückstecken. Aber ich hoffe, unsere »Wir schaffen das«-Mentalität wird ihr Leben positiv beeinflussen. Und ich wünsche mir, dass ich ihnen ein Vorbild sein kann. Das ist mein neuer Traum.

Ein Traum, an den ich vor zwölf Jahren noch nicht gedacht hatte. Aber Träume ändern sich. Und sie ändern uns. Mit meinem Mann an meiner Seite weiß ich, dass ich jeden Traum verwirklichen kann, den das Leben noch für mich bereithält.

DIE SUCHE NACH MEINER MUTTER
Susanna

Meine Geschichte begann, als ich 18 Jahre alt war. Damals starb mein Vater. Und ich erfuhr, dass ich adoptiert wurde. Mein gerade erst verstorbener Vater war also gar nicht mein leiblicher Vater. Meine Welt wurde auf den Kopf gestellt. Diese Nachricht zu erfahren war schmerzvoll und verwirrend. Und in mir regte sich ein Traum: meine leibliche Mutter kennenzulernen.

Ich suchte lange nach ihr. Viele Jahre, in denen ich selbst erwachsen wurde, Kinder bekam, eine Familie gründete. Manchmal hatte ich die Hoffnung schon fast aufgegeben und suchte dann doch weiter. Es sollte 22 Jahre dauern, ich selbst war inzwischen vierzig, als ich sie endlich fand.

Was ich von ihr erfuhr, berührte mich: Ihr Leben war alles andere als leicht verlaufen. Sie kommt aus Montenegro. Weil ihr Gatte ein regelrechter Patriarch war, konnte sie mir anfangs nur heimlich schreiben. Dazu kam das Problem, dass ich ihre Sprache nicht beherrschte und sie auch kein Deutsch konnte, weswegen wir einen Dolmetscher in unseren Briefaustausch einbeziehen mussten.

Es sollten weitere zehn Jahre vergehen, bis es endlich so weit war. Meine leibliche Mutter kam mit meiner

Tante nach Wien. Ich lud sie für vier Tage ein. Den Augenblick am Flughafen Schwechat werde ich nie vergessen: Plötzlich standen wir uns gegenüber, nach dreißig Jahren der Suche. Meine Gefühle spielten verrückt, die Euphorie, die mich überwältigte, schien grenzenlos. Ich erinnere mich, wie ich auf die Schiebetür des Ausgangs starrte und mich bei jeder Person fragte: Ist sie das? Ich hatte bloß Fotos von ihr gesehen.

Schließlich schritt sie durch die Tür. Ich erkannte sie, weil ich etwas von mir in ihr entdeckte. Wir sahen uns ähnlich. Ich war überwältigt und konnte meine Tränen nicht zurückhalten. Als wir uns in die Arme schlossen, musste ich an die Sendung »Bitte melde dich« von Julia Leischik denken. So musste es den Menschen gehen, wenn sie endlich wieder mit ihren verlorenen Liebsten vereint wurden. Es war nicht in Worte zu fassen.

Die nächsten Tage erzählten wir uns viel, unsere ganzen Leben breiteten wir vor einander aus. Sie lernte meine Söhne kennen, die ebenfalls glücklich waren, ihre Großmutter kennenzulernen.

Ab diesem Tag fühlte ich mich gefestigt. Ich kannte meine Geschichte und konnte das Buch meines Lebens schließen. Alle meine Fragen und Unsicherheiten, woher ich komme und wohin ich gehöre, konnte ich in diesen Tagen beantworten.

Mein Traum hatte sich erfüllt. Ich war endlich angekommen. Neben den Geburten meiner Söhne war dieser Tag der schönste in meinem Leben.

TRAUMKIND
Denise

Auf die Frage: »Na, wann ist es denn bei euch so weit?«, antworteten mein Mann und ich lange: »Wenn es passt, dann passt es.« Obwohl sehr lange gar nichts passte. Aber alles der Reihe nach.

Mein Mann und ich sind seit März 2014 zusammen und seit Dezember 2018 verheiratet. Unsere Geschichte könnte romantischer nicht sein: Wir haben uns über eine Internetplattform kennengelernt, wurden nach zwei Treffen ein Paar, sind nach vier Wochen zusammengezogen und waren seither nie wieder getrennt. Wir lieben uns sehr und im Juni 2018 machte mein Mann mir einen Heiratsantrag. Noch im selben Jahr heirateten wir im kleinen, romantischen Rahmen auf Mauritius. Für uns war das klassische Schema klar: Zusammenziehen – heiraten – Kinder kriegen.

So weit, so gut. Wenn zwei der drei Dinge auf Anhieb klappen, dann sollte es doch mit dem dritten Punkt, dem Kinderkriegen, auch nicht so kompliziert sein. Oder? Zumindest dachten wir das. Die Zeit verging, und alle Freunde um uns herum wurden schwanger. Wir bekamen Angst, den Anschluss zu verpassen. Monat um Monat kam erneut eine Enttäuschung. Mit ihr kam auch die Verbitterung. Statt mich für meine Freundinnen zu freuen, tat es weh, sehen zu müssen, wie alle das schafften, wonach ich mich so sehnte.

Dann kam im September 2021 endlich der positive Test. Zu diesem Zeitpunkt waren wir mitten in der Weinlese, wir beide sind Weinbauern. Wir waren so glücklich. Zumindest bis zur sechsten Woche. Ich bekam plötzlich starke Bauchschmerzen und wusste sofort, was los war.

In dieser Nacht fand ich keinen Schlaf. Die Schmerzen, die ich fühlte, gingen weit über das Physische hinaus. Selbst heute noch kommen mir die Tränen, wenn ich an dieses Gefühl von damals denke. Nur den engsten Vertrauten erzählte ich von dem positiven Test und dem Abbruch. Ich spielte nach außen die Starke, doch innerlich war ich zerbrochen. Ich fühlte mich wie eine Versagerin. Warum konnten alle anderen schwanger werden, nur ich nicht?

Die Zeit verging und meinen letzten unerfüllten Wunsch, den nach Kindern, verdrängte ich. Mein Mann und ich isolierten uns, da wir uns inmitten unserer Freunde mit ihren Kindern fehl am Platz fühlten. Ich wurde zunehmend aggressiver und unzufriedener. Bei kaum etwas empfand ich noch Freude. Ich wollte bloß allein sein, niemanden sehen.

Um das Loch in unserem Leben zu kompensieren, stürzten mein Mann und ich uns in die Arbeit. Es gab nichts anderes mehr. Kein Familienleben zu zweit, kaum Freude. Rückblickend betrachtet eine beklemmende, schreckliche Zeit. Wenn mein Mann über das Thema Kinder sprach, dann kam stets der Satz: »Selbst wenn wir keine Kinder kriegen, wird es auch gut sein, dann haben wir unsere Katzen und reisen um die Welt.«

Wir versuchten, diesen Satz zu verinnerlichen. Unseren Traum hatten wir fast schon aufgegeben.

Heute weiß ich, dass diese Sätze ein Schutzmechanismus waren. Wir versuchten, uns unser Leben schönzureden. Nach mehr als drei Jahren unerfüllter Kinderwunsch, die mir wie eine Ewigkeit vorkamen, traf ich eine Entscheidung. Ich wollte mein Leben wieder lieben. Ich wollte meinen Mann wieder lieben. Ich wollte meine Freude zurück.

Ich griff zum Telefon und wählte die Nummer der nahegelegensten Kinderwunschklinik. Das war kein leichter Schritt. Meine Hände zitterten, meine Stimme war unsicher. Doch wir setzten einen Termin fest.

Ich kann kaum in Worte fassen, wie erleichtert ich mich nach diesem Anruf fühlte. Je näher der Termin rückte, desto friedlicher fühlte ich mich. In der Klinik folgten Tests, Untersuchungen, Medikamente, Spritzen ... Bald schon war klar, dass wir es nicht ohne Hilfe schaffen würden, unseren Traum zu verwirklichen. Es kostete uns Überwindung, doch schließlich nahmen wir diese Hilfe an.

Als der erste IVF-Zyklus startete, konnte ich mein Glück kaum fassen. Ich war voller Vorfreude, Hoffnung und Lebenslust, Gefühle, die ich lange nicht mehr gekannt hatte. Alles würde gut werden.

Mir wurden Eizellen abgenommen, acht an der Zahl, davon sechs reife. Vier konnten befruchtet werden. Viermal die Chance auf ein Baby. Jeden Tag rief mich die Klinik an, um mir zu sagen, ob sich die befruchteten Eizellen weiterentwickelt hatten. Doch immer wieder kam eine kurze, negative Antwort.

Als ich die Hoffnung schon fast aufgegeben hatte, kam der Anruf: Es gab einen positiven Ausgang. Als ich schon in lauten Jubel ausbrechen wollte, sagte der Mensch am anderen Ende der Leitung: »Es kann allerdings nur eine entwickelte Eizelle eingesetzt werden. Wir müssen den Transfer morgen um zwölf Uhr durchführen.«

Frust und Enttäuschung kamen auf.

Beim ersten Versuch ist ein positiver Ausgang in den seltensten Fällen gegeben. Noch dazu standen die Chancen bei einer einzigen Eizelle schlecht. Doch ich wollte es versuchen.

Kurz darauf erhielt ich die Bescheinigung: schwanger bis anders bewiesen. Glück konnte ich noch nicht so recht fühlen. Zu groß war die Angst, dass etwas schiefgegangen war.

Fünf Tage später hielt ich die Anspannung nicht mehr aus und machte einen Schwangerschaftstest. Sah ich wirklich eine Linie? Bildete ich mir das nur ein? Konnte es wahr sein?

Mit der Freude kam die Angst: Einen weiteren Abbruch würde ich nicht verkraften.

Jeden Monat fürchtete ich, die Regel zu bekommen, doch sie blieb aus. Sehr lange. Bis zum 17. Februar 2024, als unser kleiner Traum endlich in Erfüllung ging.

Ein Traum namens Elinor.

Für uns ist sie ein Wunder. Die Ärzte hatten uns kaum Chancen gegeben. Doch Elinor ist eine Kämpferin und wollte zu uns finden. Wir haben erkannt, dass man manchmal Hilfe benötigt, um seinen Traum zu verwirklichen. Daran liegt nichts Schlechtes und eine künstliche Befruchtung sollte auch kein Tabuthema sein. Wir machten von Anfang an kein Geheimnis daraus.

Ganz im Gegenteil: Wir sind stolz darauf, ein Wunschkind zu haben. Besser noch: ein Traumkind namens Elinor.

EIN LAMBORGHINI ZUM GEBURTSTAG
Julia

Meine Geschichte beginnt vor etwas mehr als 19 Jahren, als ich damals mit vierzehn Jahren meinen heutigen Mann kennenlernte. Er war knapp fünf Jahre älter als ich, was mit zunehmendem Alter immer unspektakulärer wurde, damals aber sehr cool, wenn nicht sogar skandalös war. Nach einer Vorstellungsrunde bei den jeweiligen Schwiegereltern erhielten wir die Erlaubnis, uns weiterhin zu treffen.

Also keine Neuauflage der Geschichte meiner Namensvetterin. Der Grundstein für ein gemeinsames Leben war gelegt.

Um auf Nummer sicher zu gehen, habe ich nach kurzer Zeit bereits das Gespräch über Zukunftspläne gesucht und Kompatibilität gefunden. Es war nämlich immer schon mein Traum, einmal Mama zu werden. Und ja, ich finde es emanzipiert, sagen zu können, dass verheiratet zu sein und eine Familie zu haben genau das war, was ich mir vom Leben erhofft hatte und erarbeiten wollte. Nachdem unsere Beziehung unsere erste gemeinsame Wohnung überlebt hatte und sich aus dieser neuen Gegebenheit des »Selbstversorgertums« neue Seiten gezeigt hatten und akzeptiert wurden, stand einem weiteren Schritt nichts mehr im Weg.

Nach meiner Matura hatte ich schnell eine Stelle gefunden, als Gewohnheitstier habe ich den sicheren Hafen seit über fünfzehn Jahren nicht verlassen. Es war nun an der Zeit, ein größeres Nest zu bauen, und das taten wir auch.

Im verflixten siebten Jahr konnten wir einander immer noch leiden und lieben, so war die Zeit reif für ein Baby. Zu meinem 21. Geburtstag waren wir gemeinsam im Casino, vierzig Wochen später kam der Jackpot zur Welt und machte uns zu glücklichen Eltern. Unsere Tochter war es auch, die dreieinhalb Jahre später bei der kirchlichen Trauung auf meinen Armen ihrem Papa den Ring ansteckte. Der Beifall war groß, so konnte man sich am heißesten Tag des Jahres, bei knapp 38 Grad Außentemperatur, noch ein bisschen Wind zufächeln.

Im darauffolgenden Jahr kam unser erster Sohn zur Welt und erfüllte unser Leben erneut mit allerlei Emotionen. Da waren wir nun, Mutter, Vater, Kinder, Katze, in einer Drei-Zimmer-Dachgeschosswohnung.

Meine Schwester fragte mich zu jener Zeit kurz vor Weihnachten, was ich mir denn abgesehen von Gesundheit, zufriedenen Kindern und einer liebevollen Ehe noch wünschen würde. Ich meinte bescheiden, ein Auto und ein Haus wären schon toll. Darauf bekam ich von ihr einen Spitzer getarnt als Häuschen und einen Lamborghini (man lässt sich ja nicht lumpen) im Match-Box-Format. Wir teilen den gleichen Humor.

Noch lustiger war allerdings, dass wir schon bald tatsächlich die Gelegenheit bekamen, in ein Genossenschaftsreihenhaus zu ziehen. Und da ich inzwischen meinen Führerschein gemacht hatte, schenkte mir meine Oma ihr treues Auto.

Voilà. Wünsche erfüllt.

Als die Nachrichten, geprägt vom Krieg in der Ukraine, ein Gespräch mit unseren Kindern auslöste, erklärten wir ihnen, dass es leider nicht allen auf der Welt so gut gehe wie uns. Wenn jeder tut, was er kann, wird die Welt vielleicht ein bisschen besser.

Ich finde den Satz: »Ein Akt der Güte beflügelt den Nächsten« zeitlos.

Man kann es Schicksal oder Bestimmung nennen, wie man auch möchte, aber eines Abends las ich einen Post der Stadt Wien, in dem ein Online-Info-Abend mit dem Titel »Familien für die zeitlich begrenzte Aufnahme unbegleiteter Flüchtlingskinder gesucht« beworben wurde. Dieses virtuelle Meeting war allerdings, wie man so schön wienerisch sagt, »bummvoll«, weshalb ich am nächsten Werktag direkt bei der MA11 anrief, um mich konkret nach dem Bedarf an Anmeldungen zu erkundigen.

Die sehr nette Stimme erklärte mir, dass bei Weitem nicht mit so vielen geflüchteten Kindern gerechnet werde, wie hier Interesse bestehe. Falls wir uns jedoch vorstellen könnten, ein Kind auf Dauer bei uns aufzunehmen, dann könnte sie mir mehr erzählen.

Ich wollte mehr hören.

Man stellt sich im Laufe seines Lebens das ein oder andere Mal die Frage, ob man hier richtig ist, so war es auch bei dieser Sache. Der Leiter des Kurses, den wir als Teil des Pflegeeltern-Prozesses besuchen mussten, stellte zu Beginn klar, was es brauchte, um hier Land zu gewinnen. Wir sollten mit Liebe, Zuversicht und Humor aufwarten können. Nervenstärke, Geduld und ein paar andere Skills wären selbstverständlich ergänzend von Vorteil.

Man lernt in mehreren Gruppen nicht nur viele nette Menschen kennen, sondern auch etwas mehr über sich selbst, was nie schaden kann. Bei unserem letzten Gespräch mit der Leiterin war ich schon startklar, während mein Mann immer noch dabei war, die Situation abzuchecken. Plötzlich hörte ich die Worte: »So, ich möchte Sie jetzt etwas fragen ...«

Ich konnte fühlen, wie der Puls meines Mannes auf 180 beschleunigte.

»Da gibt es ein Kind.«

Mehr brauchte es nicht und mir liefen vor Freude die Tränen hinunter. Mit dieser Reaktion hatte anscheinend niemand gerechnet. Mein Mann erklärte, dass das eine für mich normale Reaktion sei, und fragte neugierig, ob es oft vorkomme, dass an dieser Stelle jemand derart gerührt sei. »In den letzten acht Jahren nicht«, so ungefähr war die Antwort. Die Frage, ob wir uns das alles in Ruhe überlegen wollen, war für meinen Mann nach einem weiteren Blick auf meine Seite des Tisches, die sich mit Taschentüchern füllte, obligatorisch.

Nachdem wir weitere liebenswerte Menschen, die biologischen Eltern unseres zukünftigen zweiten Sohnes, kennenlernten, war es bald so weit und er durfte mit sechs Monaten bei uns einziehen. Zu unserer Freude waren alle von der Nachricht eines neuen Familienmitglieds begeistert! Da wir bis zum Schluss nur unserer Tochter und zwei Elternteilen zwecks Babysitting davon erzählt hatten, war es für einige Omas und Freunde wohl eine wirkliche Überraschung.

Ein weiteres Glück ist, dass wir ein sehr gutes Verhältnis zu den biologischen Eltern haben, die wir monatlich sehen. Hier gibt es keine Spuren von Missgunst oder irgendeinem schlechten Wort, von gemeinen Blicken fehlt jede Spur.

So war es für uns ein großes Zeichen des Vertrauens und der Wertschätzung, als wir auf ihre Anfrage hin vom Jugendamt neun Monate später gefragt wurden, ob wir den kleinen Bruder, der unterwegs war, ebenfalls zu uns nehmen würden.

»Das Schicksal entscheidet, wer in unser Leben kommt. Aber es ist das Herz, das entscheidet, wer bleibt.«

Hier sind wir nun mit vier Kindern und einem Kater, in unserem zwanzigsten Jahr als Paar – glücklich und dankbar, denn unser Traum wurde wahr.

Träume

ALS BOTSCHAFTEN

DIE SUCHE NACH MASCHA
Nina

Meine Geschichte ereignete sich Anfang der 90er-Jahre. Eines Nachts wachte ich schweißgebadet auf. Das Herzklopfen war in jeder Faser meines Körpers zu spüren. Ich drehte den Kopf zur Seite. Michael lag friedlich schlafend neben mir.

Alles gut.

Der Wecker am Nachttisch zeigte 1.15 Uhr an. Ich drehte mich um, zog die Decke bis zum Kinn. Michael war bei mir, es war nur ein schlechter Traum gewesen.

Ich legte meinen Kopf an seine Brust. Der Regen prasselte gegen das Fenster. 1.15 Uhr. Wie lange regnete es bereits? Hoffentlich war Mascha gut nach Hause gekommen. Wir hatten ausgemacht, dass sie um Mitternacht zu Hause sein sollte. Gegen das Wissen unserer Eltern hatte ich mit ihr Mitternacht statt 22 Uhr vereinbart, es war ihre erste Party.

Mein Herz pochte noch immer und ich fühlte mich unbehaglich und unruhig.

Mascha … der Traum … Was hatte ich nochmal geträumt? Mascha war Teil des Traumes gewesen: Es war neblig, kalt und regnerisch, ich lief über eine unebene Wiese eine Böschung hinab, ich hörte ein Rufen: »Nina! Nina! Hier!«

Ich stolperte schneller durch die Finsternis, ein Fluss rauschte laut und unruhig in der Nähe. Mein

Herz raste und der Regen prasselte unerträglich laut gegen das Fenster.

Mit einer plötzlichen Panik setzte ich mich ruckartig im Bett auf. »Michael, da stimmt was nicht! Michael, wach auf! Ich glaube, es ist was mit Mascha passiert!« Ich bemerkte, dass ich zitterte. War es kalt im Haus geworden oder war die Unruhe in mir schuld?

Mit nackten Füßen lief ich im Dunkeln durch das Haus, in den ersten Stock hinauf, wo Maschas Zimmer lag. Ihr Bett war leer. Unbenützt. Beim Zurücklaufen bemerkte ich, dass auch der Schlüssel nicht in der Haustür steckte. Mascha war noch nicht daheim. 1.20 Uhr. »Nina, beruhig dich!«, sagte Michael zu mir. »Die haben eine Party und viel Gaudi! Lass ihr doch den Spaß! Komm zurück ins Bett.«

Es war angenehm warm unter der Bettdecke. In Gedanken war ich jedoch im Traum gefangen und hörte, wie eine Stimme nach mir rief. Schlafen konnte ich nicht. Was sollte ich tun? Ich wusste nicht, wo genau die Party stattfand.

Irgendwo an der Taugl, am Flussufer wollten sie alle grillen. Ein Haufen Fünfzehnjähriger. Mittlerweile war es 1.30 Uhr geworden.

Das Ticken des Weckers war wie stete Nahrung für meine Unruhe. »Bitte, Michael, ich halte das nicht aus. Ich hatte diesen grausigen Traum. Mascha lag an einem Flussufer und schrie nach mir«, flehte ich ihn an. »Bitte, lass uns fahren und schauen, ob alles in Ordnung ist. Ich kann sonst keine Ruhe finden.«

Michael besaß erst seit einem halben Jahr den Führerschein. Wir mussten also in finsterer Nacht zu Fuß zu meinem Freund nach Hause eilen, seine Eltern aufwecken und uns das Auto ausborgen.

Im Regen und in der Dunkelheit fuhren wir die Straße am Flussufer entlang, nicht wissend, wo Mascha und ihre Freunde das Lager aufgeschlagen hatten. Immer wieder hielten wir am Straßenrand. Ich eilte zur Böschung, versuchte in Dunkelheit und Nebel etwas zu erkennen. »Mascha! Mascha! Wo bist du?!« Ich fühlte mich, als hätte ich meinen Albtraum in die Realität geholt. Der Regen mittlerweile war in ein Nieseln übergegangen.

Michael wollte umdrehen und wieder nach Hause fahren. »Nina, die sind bei dem Wetter sicher zu jemandem nach Hause gegangen und haben dort weitergefeiert. Du musst auf morgen warten. Dann kannst du Mascha die Leviten lesen.«

»Nein, Michael. Bitte. Lass uns noch ein Stückchen weiterfahren und suchen. Nur ein bisschen noch. Okay? Bitte!« Meine Stimme war voller Furcht und Verzweiflung. Ein letzter Halt, es war mittlerweile nach drei Uhr Früh, die schwarze Dunkelheit war in graue Töne gewechselt, der Nebel hielt sich hartnäckig über dem Flussbett. »Mascha! Mascha! Wo bist du? Bist du da?«, rief ich immer wieder ins Nichts.

Der Fluss peitschte laut unter mir vorüber, der starke Regen hatte ihn ansteigen lassen und nun floss er unruhig und mit schneller Gewalt dahin.

»Nina! Hier! Wir sind hier!« Konnte es tatsächlich sein, dass ich eine Stimme gehört hatte? Oder spielten mir der Fluss und mein Wahn einen Streich?

»Nina! Ich bin's, Tanja! Mascha liegt hier! Wir sind hier drüben! Alle! Am anderen Ufer! Bitte, komm!«

Tatsächlich! Ich war nicht verrückt gewesen, ich hatte mich nicht lächerlich gemacht und meinem Freund unnötigerweise die halbe Nacht gestohlen.

Kein Wort kam während der Fahrt zum anderen Ufer über meine Lippen, ein Kloß saß in meinem Hals. Ich konnte weder weinen noch einen Laut von mir geben. Michael war wagemutig. Oder sollte ich sagen, dumm und unvorsichtig? Wir fuhren mit dem Mercedes-Kombi seiner Eltern auf einem Traktorweg einen Hügel entlang, eigentlich rutschten wir die Wiese hinunter.

Ich hörte Michael fluchen: »Hoffentlich sitzen wir nirgends auf.«

Mitten auf einer nassen Wiese im Morgengrauen parkten wir das Auto und liefen atemlos Richtung Flussufer.

»Nina!« Tanja, Maschas Freundin, kam mir entgegen. »Gott sei Dank! Mascha liegt dort! Dort in dem Schlafsack neben dem Fluss. Sie hat sich so oft übergeben. Die Jungs auch. Ich konnte nicht gehen und sie alleinlassen. Ich musste doch aufpassen ...« Tanja wurde von ihrer Müdigkeit und ihren Gefühlen überwältigt.

Nur etwa einen Meter von dem reißenden Fluss entfernt lag meine Schwester in einem Schlafsack, stöhnend und jammernd, neben ihrem Erbrochenem. Die

Burschen schliefen betrunken zu Häufchen am kalten, nassen Schotter des Flussbettes und zitterten. Michael musste zwei Touren fahren, um alle heil nach Hause zu bringen.

Ich glaube, ich habe mich nie ausreichend bei ihm bedankt.

Seitdem weiß ich, dass ich mit meiner Schwester durch ein unsichtbares Band verbunden bin und dass ich der Stimme, die mich in meinem Traum erreicht hat, vertrauen kann und soll.

DER DUFT
DER WILDEN KAMILLE
Anna

Was erinnert uns an die Kindheit?

Für mich ist es der Duft der wilden Kamille. Er lässt mich an meinen kleinen Bergbauernhof zurückdenken. An meine geliebte Großmutter, »Muaterl« genannt, die uns die harten Kindertage, gezeichnet von viel Arbeit und einem beschwerlichen Schulweg, mit viel Liebe erträglicher machte. Wenn ich von der Schule nach Hause kam, stand sie in ihrem kleinen Bauerngarten. Diese Pracht von Ringelblumen, Arnika und wilder Kamille.

»Magst mir helfen, kleine Anni?« So hat sie mich genannt, weil meine Mama auch Anni geheißen hat. Der beschwerliche Schulweg war dann sofort vergessen, ich war endlich daheim bei meiner Muaterl.

Eines Tages sagte sie mir, wir hätten Schweinenachwuchs im Stall. »Ein Kleines ist ganz schwach, nimm es zu dir und zieh es mit der Flasche auf«, sagte sie zu mir. »Du schaffst das.«

So hat mir meine Großmutter ermöglicht, meine große Schweineliebe namens Rosi zu finden. Sie wurde meine beste Freundin und wir unternahmen viele Sachen zusammen. Rosi wusste immer, wann ich von der Schule komme. Sie ging dann allein den Waldweg entlang und wartete auf mich, immer zur richtigen Uhrzeit.

Rosi wusste, sie musste den Waldweg nehmen, um mich an der Dorfstraße abzuholen.

Meine Großmutter liebte Rosi so wie ich. Nur einmal war sie böse, als Rosi zwischen ihren Kamillen ein Schläfchen machte. Danach war Rosi gehüllt in eine Wolke aus Kamillenduft. Irgendwann waren diese schönen Kindertage vorbei und als Erwachsene hatte das Leben genug für mich vorbereitet. Ich lebte lange Jahre in einer großen Stadt. Wenn es mir mal schlecht ging, versank ich in Tagträumen. Mein größter Traum war es, ein kleines Häuschen am Land zu besitzen, mit Hund und Katzen und einem Schweinchen. Während dieser Träume lernte ich meine große Liebe kennen.

Ich werde nie vergessen, als ich zum ersten Mal zu ihm nach Hause kam und einen großen Setzkasten mit allerlei Schweinchen sah. »Warum hast du so viele Schweine?«, fragte ich.

»Von meinen Reisen um die Welt habe ich von überall Schweinchen mitgebracht«, sagte er lächelnd. »Ich liebe diese Tiere.«

So habe ich meinen Seelenverwandten gefunden, einen großen Tierfreund. Und dann sah ich sie in einem Traum. Meine Muaterl.

Ich roch den Duft von wilder Kamille, sie stand am Zaun vor ihrem kleinen Garten und sagte: »Dein Traum von einem kleinen Häuschen wird wahr werden. Du musst nur warten.« Dann verschwand sie.

Nach einem halben Jahr heirateten mein Freund und ich. Wir kauften uns ein kleines Wochenendhäuschen am Rande der Stadt. Der Traum von meiner Großmutter kehrte wieder. Der Duft von Kamille ebenso.

Schließlich erfüllten mein Mann und ich uns unseren Traum und bekamen ein kleines Minischwein namens Timmy.

Durch einen glücklichen Zufall, es war eine Anzeige wegen nicht artgerechter Haltung eines Minischweinchens, fanden wir ein wunderschönes Häuschen am Land. Genau so, wie ich es mir immer erträumt hatte. Ein Häuschen am Waldrand mit einem kleinen Waldweg, einem kleinen Bauerngarten und einem Teich daneben. Alles war verwildert, aber ich sah bloß Licht, Liebe, Blumen und Tiere.

Mittlerweile ist das Häuschen zu einer richtigen Villa-Kunterbunt geworden. Unsere Familie besteht aus einer kleinen Hündin, dreizehn Katzen und unseren zwei Schweinen. Unser Bauerngarten ist übersät von wilder Kamille. Wenn milde Sommerwinde wehen und wir im Hof sitzen, dann duften meine Haare nach Kamille. So wie früher.

Mein Mann sagte einmal zu mir: Dein Traum ist ja wahr geworden, du hast dein Häuschen und deine geliebten Tiere. Warum schaust du so traurig?

Und ich antwortete ihm: »Weil meine Muaterl nicht mehr in meinen Träumen erscheint.«

»Warum sollte sie kommen«, sagte er, »der Duft von Kamille ist ja jetzt bei uns.«

Ich glaube, dass er recht hat. Sonst hätte ich nicht eines Tages eine kleine, blitzende Münze in der wilden

Kamille gefunden. Sie war verschmutzt von der Erde. Als ich sie sauber rieb, entdeckte ich, dass es ein Pfennigstück aus dem Jahr 1901 war. Dem Geburtsjahr meiner Muaterle. Die Liebe zu ihr und der Duft von Kamille umgaben mich.

Jedes Jahr blüht die wilde Kamille, ein Andenken an meine Großmutter.

Ich bewundere diese schönen Blumen und weiß: Ich bin zu Hause.

DER MANN AN MEINER SEITE
Barbara

Geträumt habe ich immer schon. Manchmal waren diese Träume flüchtig und beim Aufwachen schon aus meinen Gedanken verschwunden. Manchmal waren sie unterhaltsam und zauberten mir ein Lächeln ins Gesicht, wenn ich daran dachte. Manchmal waren es Albträume und als ich erwachte, überkam mich ein Gefühl der Erleichterung. Es gab auch Träume, die so spannend waren und sich mir ins Gedächtnis einbrannten, sodass ich hoffte, in der nächsten Nacht eine Fortsetzung zu träumen. Nur selten ist das gelungen.

Meinen interessantesten Traum hatte ich in den späten 80er-Jahren. Es war ein überraschender, unglaublicher, fast verstörender Traum.

1985 durfte ich meiner schönen Liebe begegnen. Zu dieser Zeit war ich noch von den schlechten Erfahrungen einer früheren Beziehung belastet. Doch meine neue Liebe verschaffte mir Abstand und Heilung, sodass ich wieder neue Freude und Zuversicht gewann.

1987 wurde ich schwanger. Mit unserem gemeinsamen Sohn waren wir nun eine Familie und ich durfte dieses Wunder genießen. Alles schien perfekt, nur ein fernes Ziel gab es: Eines Tages wollte ich in einer Dachterrassenwohnung leben.

Nun zurück zu meinem Traum. Eines Nachts wachte ich verstört und ratlos auf. Ich hatte von einer wunderschönen, großen Wohnung geträumt. Oberste Etage mit Terrasse. Ich hatte die Räume so echt vor mir gesehen, die Pflanzen auf der Terrasse und an meiner Seite meinen Mann.

Doch halt. War es wirklich mein Mann? Nein, denn im Traum konnte ich das Gesicht des Mannes neben mir nicht erkennen. Noch im Traum hatte ich mich bemüht, sein Gesicht, das Gesicht meines Mannes, zu sehen, doch die Stelle war leer geblieben. Zumindest konnte ich mich an seine Gesichtszüge nicht erinnern.

Ich nahm also einen Mann an meiner Seite wahr, der mit mir in dieser wunderschönen, außergewöhnlichen Wohnung stand. Doch es war offensichtlich nicht mein jetziger Mann. Dennoch war ich glücklich gewesen in meinem Traum. Dieser »Mann ohne Gesicht« kam mir seltsam vertraut vor.

Konnte es sich um meinen Bruder handeln? Aber warum sollte ich ihn nicht erkennen können? War es vielleicht doch eine Frau gewesen? Nein, das konnte ich ausschließen. Aber warum erkannte ich den Mann nicht? Ich war sehr verwirrt.

Immerhin lebte ich gerade mitten in meinem großen Familienglück, mit dem Wunder des ersten Kindes und einem Mann, der mir der ideale Vater und perfekte Ehemann schien.

Ich sprach nur mit meiner Mutter und meiner allerbesten Freundin darüber, denn ich war ratlos und schämte mich sogar, dass ich mein gegenwärtiges, schönes Leben durch diesen Traum gefährdet sah. So sehr ich ihn auch beiseiteschieben wollte, der Traum kehrte immer wieder. Manchmal schlief ich sogar mit der Absicht ein, endlich das Gesicht des Mannes neben mir erkennen zu können. Doch es wollte mir nicht gelingen.

Dann geschah etwas, das ich mir in meinen wachen Stunden nie hätte vorstellen können: Unsere Familie zerbrach. Ich lebte nun allein mit meinem kleinen Sohn. Es dauerte, bis ich über die zerbrochene Beziehung hinwegkam. Ich brauchte Abstand, einen neuen Atem. Es sollte bis 1994 dauern. Dann lernte ich einen neuen Mann kennen.

Wir gingen es vorsichtig an. Lebten anfangs getrennt. Tasteten uns zart heran. Bis wir 1997 beschlossen, eine gemeinsame Wohnung zu suchen.

Und plötzlich war sie da: Die großartige Dachterrassenwohnung im dritten Bezirk. Durch einen Zufall war ich bei einer U3-Station falsch ausgestiegen. Mit einem Mal stand ich vor einem großen Neubau und einem Plakat, das die Ansicht des neuen Wohnprojekts zeigte. Wir bewarben uns für eine Dachterrassenwohnung und erfuhren, dass bereits alle vergeben waren. Kurz darauf allerdings der Anruf: Ein Mieter war von der Wohnung zurückgetreten.

Ich wollte die Wohnung sofort sehen. Noch während gebaut wurde, ging ich durch die Räume, bis ich auf die große Terrasse vor dem Wohnzimmer trat. Darüber lag noch eine Dachterrasse mit Blick über die Stadt. Kaum war ich oben angekommen, holte ich Luft und schaute. Und dann stand ich plötzlich mitten in meinem Traum.

Eine Welle an Gefühlen überkam mich. Ich begann zu weinen, da legte sich der Arm meines Mannes auf meine Schulter. Der Mann aus meinem Traum hatte endlich ein Gesicht bekommen. Sein Gesicht. Es fühlte sich wunderbar, gut und richtig an.

Michael ist nun seit dreißig Jahren der Mann an meiner Seite, seit vierzehn Jahren sind wir verheiratet. Er ist es, von dem ich geträumt und auf den ich gewartet hatte. Manchmal wissen unsere Träume mehr als wir. Wir müssen bloß lernen, auf sie zu vertrauen.

ABSCHIED VON BABA
Clarissa

Vor zwei Jahren hatte ich einen Traum. Ich kann mich noch genau an den Tag erinnern. Nach einem anstrengenden Tag, ich bin Fotografin von Beruf, fiel ich erschöpft ins Bett und schlief sofort ein.

Im Traum erschien mir mein sehr früh verstorbener Hund, den ich abgöttisch liebte. Sein Name war Babaluba, kurz Baba. Mit nur sieben Jahren verstarb er an einer Lungenentzündung. In seinen letzten Stunden hielt ich ihn in meinen Armen. Für mich stürzte damals eine Welt zusammen. Wochenlang weinte ich um Baba.

Alles war so leer geworden ohne ihn. Keine morgendlichen Schmuseattacken mehr. Keine Spaziergänge bei jedem Wetter. Keine großen Augen, die Leckerlis erwarteten. Ich trauerte tief und lange.

In meinem Traum jedoch war Baba quietschvergnügt und spielte mit verschiedenen Hunden in meinem Garten. Unter diesen anderen Hunden war ein winziger Chihuahua, schwarz mit weißem Brustfell. Er bellte sehr laut und sprang dabei wie ein Häschen herum. Ich versuchte, den kleinen Hund einzufangen. Er ließ sich von mir hochheben, blieb ganz ruhig, schaute mich mit seinen großen Augen an. Und prompt verliebte ich mich in ihn. Ich drückte ihn an mich und kuschelte mit ihm.

Plötzlich stand Baba vor mir. Ich schämte mich und ließ den Winzling auf den Boden gleiten.

»Du, Baba, kommst du mit nach Hause?«, fragte ich ihn.

»Nein, das geht nicht mehr«, hörte ich schwach von irgendwoher. Dann wachte ich auf. Ich fühlte Tränen meine Wangen hinabgleiten. Mein Mann umarmte mich zärtlich, küsste mich hinter meinem Ohr und fragte, was ich denn so Schreckliches geträumt hätte?

Ich erinnerte mich an jedes Detail und erzählte ihm davon. Aufmerksam hörte er mir zu.

»Hör auf zu weinen«, meinte er schließlich sanft. »Du hast dich in deinem Traum in ein anderes Hündchen verliebt. Jetzt machen wir Nägel mit Köpfen!«

Tagelang tat mein Mann nichts anderes, als nach einem schwarz-weißen Welpen zu suchen. Nach drei Monaten hatten wir noch immer nichts gefunden. Wir dachten daran, aufzugeben. Vielleicht war der Traum bloß das gewesen: ein Traum.

Bis ich eines Tages gedankenlos durch Facebook surfte und auf eine Werbeeinschaltung traf. Sie kam von einer Chihuahua-Züchterin und sprang mir sofort ins Auge.

Sechs Welpen waren auf dem Foto zu sehen. Mir wurde heiß und kalt zugleich und eine Gänsehaut lief mir den Rücken hinab.

Dort, auf dem Foto, erkannte ich ihn wieder! Der Kleinste der sechs Hunde, schwarz-weiß, wie in meinem Traum.

Hoffentlich war er noch nicht vergeben! Sofort rief ich die Züchterin an. Am nächsten Tag saßen mein Mann und ich bereits im Auto, auf dem Weg nach Mariazell in die Steiermark.

Als wir endlich ankamen, war ich völlig aufgewühlt vor Freude. Eine mütterlich wirkende Frau öffnete das Gartentor. Sie besaß eine sehr nette Stimme und lud uns in ihr Haus ein. Doch noch bevor wir eintreten konnten, schossen die acht Welpen aus dem Haus und kugelten um unsere Füße herum. Ich war so entzückt, dass mein Herz einen Sprung machte.

Da sah ich es. Das schwarze Hündchen mit dem weißen Brustfell. Es sah genauso aus wie in meinem Traum!

Als hätte es auch mich wiedererkannt, kam es zu mir gelaufen und sprang mir in die Arme. Seine großen Augen blickten mich an, als würden wir uns kennen, und sofort begannen wir zu kuscheln.

»Hallo, mein süßer Teddy«, flüsterte ich ihm ins Ohr. »Ich bin's, dein Frauli.«

Jedes Mal, wenn ich an Babas hellblauer Urne im Wohnzimmer vorbeigehe, danke ich ihm, dass er uns Teddy geschickt hat.

Träume

VON UNVERGESSLICHEN ABENTEUERN

MEINE FÜSSE IM SAND
Evelyn

Ich muss etwas ausholen, wenn ich über meine Träume erzähle. Ich bin eines von drei Kindern, die goldene Mitte. Unsere Eltern waren immer sehr beschäftigt. Ich fühlte stets, zu wenig Aufmerksamkeit zu bekommen. Oft stellte ich mir vor, wie es wäre, wenn ich im Mittelpunkt stehen würde. Und nicht die Arbeit oder Geldsorgen. Mit vierzehn Jahren stellte ich mir vor, wie es wäre, eines Tages eine schlimme Krankheit zu bekommen, sodass alle Menschen um mich herum mich pflegen und beachten würden. Dann würde ich endlich im Mittelpunkt stehen!

Mit sechzehn, ich war gerade im ersten Lehrjahr, sollte sich dieser dumme Gedanke verwirklichen. Ich wurde krebskrank. Da hatte ich nun meine Aufmerksamkeit, mehr, als mir lieb war! Hätte ich mir bloß etwas Schöneres erträumt. Stundenlang saß ich im Krankenhaus und ließ Chemotherapien, Operationen und Bestrahlungen über mich ergehen.

Einer meiner Träume zu dieser Zeit, abgesehen davon, wieder gesund zu werden, war es, einmal nach Spanien zu fliegen. Aber ich erzählte es niemandem. Denn Urlaub war für meine Familie, der es an Geld mangelte, nie ein Thema gewesen. Immer wieder träumte ich davon, über den Strand zu laufen und meine Zehen im Sand zu vergraben.

Eines Tages kam eine Bekannte auf Besuch. Natürlich drehte sich das Gespräch vor allem um mich. Was wir nicht wussten: Sie selbst war vor Jahren an Krebs erkrankt. Und sie besaß ein Haus auf Gran Canaria. Also trafen wir eine Vereinbarung: Sobald ich wieder gesund war, würden wir nach Gran Canaria fliegen!

Nach einem Jahr war es wirklich so weit: Ich lief über den Strand und vergrub meine Zehen im Sand. Das weite blaue Meer war so schön, dass ich es stundenlang betrachten konnte.

Mein nächster Traum war es, meine Lehre abzuschließen und meinen Meisterbrief zu machen. Wie stolz ich dann auf mich wäre! 2009 hatte ich meinen Meisterbrief in der Tasche. Zu dieser Zeit war ich bereits verheiratet und hatte zwei Söhne. Erneut war ein Traum in Erfüllung gegangen.

Ich bin fest davon überzeugt, dass Träume in Erfüllung gehen können. Dass man aber auch aufpassen muss, was man sich wünscht. Meine Krebserkrankung ließ mich eine schwere Zeit durchleben, half mir aber auch, meine Gedanken zum Positiven zu wenden und die Kraft der Träume zu erkennen.

Heute versuche ich, meine Kinder zum Träumen zu animieren. Denn was wäre das Leben ohne Träume? Es wäre wie ein Garten ohne Blumen!

DIE STADT, DIE NIEMALS SCHLÄFT
Melitta

»Ich will nach London zu meiner Freundin Jessie ziehen. Ihre Mama hat es erlaubt!«

»Du bist erst 16«, antworte ich, »und ich kenne ihre Mama nur flüchtig. Wie stellst du dir das vor?«

Ich habe Caroline eben vom Flughafen abgeholt. Sie war zum ersten Mal in London bei ihrer Freundin. Etwas ärgerlich trottet meine Tochter hinter mir her. Nach einer langen Pause beginnt sie zu erzählen, was sie dort erlebt hat.

Kaum sind wir zu Hause, kommt sie auf das Thema New York zurück. »Du bist erst 16«, wiederhole ich, »später vielleicht!«

Meine Tochter wirkt nicht überzeugt. »Und außerdem«, fahre ich fort, »du weißt, wie sehr ich mir schon viele Jahre wünsche, einmal Amerika zu sehen. Aber auch das ist nicht möglich, denn es ist zu teuer!«

Caroline verschwindet daraufhin in ihr Zimmer. Ob sie schmollt? Zumindest taucht sie nach einer halben Stunde wieder auf.

»Komm einmal«, sagt sie zu mir, »ich habe einen ganz billigen Flug nach New York gefunden.« Damit lockt sie mich in ihr Zimmer. Etwas verdutzt folge ich ihr zu ihrem PC. Der Flug mit der Ökista ist wirklich ganz billig!

»Und was ist mit einem Hotel?«, frage ich interessiert.
In meinem Kopf beginnt es zu arbeiten.

Sollte mein langersehnter Traum tatsächlich erfüllbar sein?

Gleich am nächsten Tag hole ich Caroline nach der Arbeit von der Schule ab und wir fahren zur Ökista, einem Reisebüro für Studenten mit billigen Flugangeboten. Es gibt auch noch ein wirklich günstiges Angebot in einer Jugendherberge. Also buchen wir! Caroline geht in die erste Klasse einer Oberstufe mit Englischschwerpunkt. Sie hat mir schon vor einiger Zeit erzählt, dass ein Urlaub in einem englischsprachigen Land von der Schule sehr begrüßt werde. In ihrem Fall ist es schon der Zweite in diesem Schuljahr!

In den Weihnachtsferien war sie in London und eine Woche vor den Osterferien geht der Flug nach New York!

Es vergehen noch mehrere Wochen, bis es so weit ist. Ich werde von Woche zu Woche unruhiger und aufgeregter, kann es kaum mehr erwarten. In einem alten Reiseführer, den ich vor Jahren einmal gekauft habe, schmökere ich immer wieder herum.

Der Flug ist ein Nachtflug.

Ich wache erst auf, als die Flugbegleiterin die Landung ankündigt und zum Anlegen der Sicherheitsgurte mahnt. Es ist bereits hell, etwas grau, und unter uns liegt die Skyline von New York. Ich bin sofort hellwach und auch Caroline sieht gespannt aus dem Fenster. Es vergeht eine unendlich lange Zeit, bis wir in einem Shuttle sitzen, das uns in unser Hotel bringen soll. Unterwegs steigen immer wieder Leute aus. Irgendwann sind wir die zwei letzten Fahrgäste.

Die Umgebung wird immer schlichter und einfacher, aber schließlich stehen auch wir vor unserer Herberge in Chelsea.

Das Zimmer ist sehr einfach. Zum Glück habe ich den Ratschlag vom Reisebüro befolgt und eigenes Bettzeug mitgebracht. Wir sind müde von dem langen Flug und so tut sich am ersten Tag nicht viel. Wir gehen nur einkaufen, Frühstück und Getränke besorgen. Der Supermarkt, in den wir gehen, ist riesengroß, mit vielen verschiedenen Abteilungen. Sogar ein Teil mit koscheren Lebensmitteln fällt mir auf.

Am nächsten Tag beginnt unser eigentlicher Urlaub.

Wir haben heute viel vor, als Erstes eine Stadtrundfahrt, auch um uns besser zu orientieren. Aber zuallererst suchen wir einen McDonald's. Wir möchten ein »amerikanisches Frühstück«!

Auf der Suche höre ich immer wieder Polizeisirenen. Ich staune. Das ist ja wie in den Filmen!

Wir fahren in einem offenen Bus und machen tausende Fotos.

Es geht vorbei an riesigen Wolkenkratzern, wir kommen aus dem Staunen gar nicht heraus. Wir kommen vorbei am Flatiron Building, an der Wall Street, dem Central Park, Lady Liberty und Chinatown. Wir sind wirklich beeindruckt! In den nächsten Tagen erwarten uns viele Ziele, die wir jetzt nur kurz beim Vorbeifahren gesehen haben.

Im Reiseführer wird zur Vorsicht gemahnt und da ich sowieso etwas ängstlich bin, trage ich eine Bauchtasche unter meiner Jacke. Wir essen im Rockefeller Center und die Bedienung spricht mich die ganze Zeit mit »Mom« an. Anscheinend denkt sie, dass ich schwanger sei, da mein Bauch dadurch unter der Jacke etwas runder aussieht!

Selbst nach ein paar Tagen erstaunt es mich noch, dass es die Leute immer eilig haben und in einem Wahnsinnstempo durch die Stadt laufen. In meinem Reiseführer habe ich gelesen, dass es hier nicht üblich sei, beim Spazieren Auslagen zu betrachten.

Für meine Tochter ist natürlich die Mode am interessantesten. So besuchen wir die Fifth Avenue und das Großkaufhaus Macy's, wo uns erklärt wird, dass hier die älteste Rolltreppe der Welt zu finden sei! Wir gehen auch zum Friseur. Caroline möchte eine besondere Frisur und uns wurde ein Großfriseur empfohlen. Das Lokal besteht aus einem riesigen Raum mit mehreren Plätzen oder Inseln, wo viele Friseure ihre Kunden bedienen.

Als wir am Vorabend unseres Rückflugs Richtung Hotel schlendern, sind wir beide tief in Gedanken versunken.

»Morgen müssen wir zurückfliegen,« sage ich schließlich.

»Können wir nicht weglaufen?«, erwidert meine Tochter.

Ich muss lachen. »Nein, das geht wirklich nicht. Aber vielleicht kommen wir ja irgendwann wieder!«

Caroline ist in dieser Woche in New York sehr glücklich gewesen und die ganze Zeit mit einem Lächeln auf den Lippen herumgelaufen. Und ich war natürlich ebenso begeistert! Wir haben viel erlebt und bestaunt.

»Tja, das war's dann wohl, wir müssen packen gehen!« Ich werfe einen letzten Blick auf die umliegenden Häuser.

Am frühen Morgen sitzen wir wieder im Flugzeug.

Ein letzter Blick, unter uns die Skyline von New York und in unserem Gepäck die Erinnerungen an eine wunderschöne, interessante Woche.

Ein Traum, der jetzt zu Ende geht, uns aber noch lange begleiten wird.

MEIN FREUND, DER GRIZZLY
Reinhold

Mein Name ist Reinhold. Ich wurde heuer sechzig Jahre alt und arbeite als selbstständiger Lebensmittelkaufmann in der Oststeiermark. Mein Lebensmotto war immer schon: »Arbeiten und fleißig sein, aber jedes Jahr eine verdiente Auszeit genießen.«

Gemeinsam mit meiner Gattin Daniela habe ich in diesen verdienten Auszeiten die Welt bereist. Immer individuell, selbstbestimmt, ohne Reisegruppe. Ich liebe es, entschleunigt und stressfrei wochenlang ein Land und dessen Menschen kennenzulernen.

Doch eine Traumdestination habe ich immer aufgeschoben: Alaska.

Jahrelang haben wir uns Grizzlybären im Webcam-Stream »Brooks Falls Bearcam« im Wohnzimmer angesehen. Jedes Jahr stand Alaska ganz oben auf unserer Bucket List. Und immer wieder verschoben wir es auf das nächste Jahr. Denn wir hatten ja noch so viel Zeit.

Dann kam der Sommer 2020. Ich litt ein wenig unter Bauchkrämpfen und Verdauungsproblemen. *Das steck ich locker weg,* dachte ich. Bis ich im Krankenhaus landete. Not-Operation. Tagelang kämpfte ich auf der Intensivstation um mein Leben.

Ich gewann den Kampf, doch mein Leben veränderte sich. Ich musste lernen, mit einem seitlichen Darmausgang (Stoma) umzugehen sowie mit einigen anderen gesundheitlichen Krisen. Zuvor hatte ich immer großspurig erklärt, mit einem Stoma nicht leben zu wollen. Doch mit einem Schlag war meine Welt eine andere geworden.

Ich hatte ein Stoma und ich wollte leben.

Noch während ich auf der Intensivstation lag, wusste ich: Ich würde alles dafür tun, um Alaska zu sehen.

Um mir Kraft zu geben, brachte mir meine Familie ein großes Foto lachsfangender Grizzlys, die mitten im Brooks-Wasserfall stehen. Umrahmt wurde das Foto von einer Collage mit allen Familienmitgliedern.

Während ich in meinem Spitalsbett lag, blickte ich stundenlang auf diesen riesigen, vor Kraft strotzenden Bären, sprach während schlafloser Nächte zu ihm und versprach ihm, eines Tages nach Alaska zu kommen und ihn persönlich zu treffen. Er wurde mein Überlebensmantra, mein Krafttier.

Drei Jahre später war es so weit. Ich würde mein Versprechen einlösen. Im Sommer 2023 bestieg ich gemeinsam mit meiner Frau Daniela ein kleines Wasserflugzeug in Anchorage, Alaska, und flog drei Stunden zu den Brooks Falls am Naknek-See im Katmai-Nationalpark. »Now you are in bear-country«, sagte der Ranger, der uns führte. Als ich diesen Satz hörte, vergaß ich alle Schmerzen, Ängste und Krisen der letzten drei Jahre. Ich war bei meinem Krafttier angelangt. Das Gefühl, das mich überwältigte, war unbeschreiblich. Pure Lebensfreude und Dankbarkeit. Ich lebte, ich atmete, ich war glücklich.

Als ich auf der Holzplattform stand, bot sich mir dasselbe Bild, das ich so viele Tage und Nächte auf der Intensivstation angestarrt hatte. Ich hatte es solange beschworen, bis es Wirklichkeit geworden war: gewaltige Grizzlys, die am Wasserfall standen und Lachse fingen. Ich blickte zu meiner Frau und sah die Tränen in ihren Augen. Ich nahm ihre Hand und lächelte sie an. Im Sommer 2020 erschien uns dieser Moment noch unerreichbar. Und jetzt waren wir hier, gemeinsam.

Diesen Moment trage ich nun in meinem Herzen, für immer. Dreißig Grizzlybären auf einem Flecken Erde in Alaskas rauer Natur, zwei Monate mit dem Camper quer durch Alaska. Elche, unendliche Weiten, riesige Gletscher, nahezu keine Menschen. Ich hatte hart und entschlossen für diesen Traum kämpfen müssen. Doch es hatte sich gelohnt. Die Reise machte mich demütig und unendlich dankbar.

Ich habe überlebt, dank meines Traums von den Grizzlybären in Alaska.

MEINE KLEINE TRAUMINSEL
Heidi

Seit ich denken kann, habe ich gern Filme über Inseln und das tiefblaue Meer angesehen. Besonders ein Bericht über die Malediven hat mich fasziniert. Konnte es wirklich so schön sein wie auf den Bildern? Der Sand wirkte so fein, der Himmel wolkenlos blau und die Farbe des Meeres türkis. In der Sonne glitzerte es wie ein großer Smaragd.

Ich begann, davon zu träumen, diese wunderschöne Insel eines Tages selbst zu entdecken. Es vergingen viele Jahre, mein Traum aber blieb bestehen. Bis ich mir schließlich zu meinem runden Geburtstag ein Herz fasste. Ich organisierte eine große Feier und bastelte Einladungskarten mit einer kleinen Insel drauf. Ich bat alle Gäste, mir etwas Geld für meine bevorstehende Reise zu schenken. Alle beteiligten sich an meinem Traum, auf die Malediven zu fliegen. Nur mein Mann war nicht so begeistert, da er nicht so lange fliegen wollte, aber tat es mir zuliebe.

Als ich schließlich auf meiner kleinen Trauminsel (600 mal 200 Meter) angekommen war, war alles so perfekt, dass ich es gar nicht glauben konnte. Es waren die schönsten zwölf Tage in einem Paradies. Auch meinem Mann hat es gefallen!

Kaum waren wir wieder zu Hause, packte mich auch schon das Fernweh. Ich begann, beständig kleine Abstriche und Kompromisse zu machen, damit ich Geld zur Seite legen konnte. Ich wollte mir noch so viel mehr von der Welt ansehen! Bloß mein Mann war dafür nicht zu gewinnen, da er nicht gern in einen Flieger stieg.

Also habe ich meinen ersten Urlaub allein geplant. Ich wollte wieder zum Indischen Ozean und in der wunderschönen Unterwasserwelt schnorcheln. Also flog ich nach Mauritius. Kaum kam das Flugzeug ins Rollen, packte mich die Nervosität. Ich begann am ganzen Körper zu zittern. Was tat ich da eigentlich? Ich sprach nur schlecht Englisch und war völlig allein! Doch eine junge Dame, die neben mir saß, bemerkte meine Panik und sprach beruhigend auf mich ein. Sie lächelte mir zu und ich dachte: Wird schon schiefgehen.

Die Nervosität blieb, als wir landeten. Bei der Passkontrolle stand mir ein junger Beamter gegenüber, der konzentriert auf meinen Pass blickte. »Are you from Germany?«, fragte er.

»No, I am from Austria«, antwortete ich. So viel Englisch konnte ich zumindest.

»Do you like the Germans?«, fragte er. Ich nickte bloß. Da lachte er und plötzlich musste auch ich lachen. Er wünschte mir einen schönen Aufenthalt. Kaum hatte ich den Pass wieder in meinen Händen und war aus der Sicherheitszone heraus, fiel die gesamte Nervosität von mir ab. Ich war auf Mauritius! Ich wusste, ich würde das packen.

Was soll ich sagen? Es war ein wunderschöner Urlaub. Ich habe so viele Leute aus aller Welt kennengelernt, von Deutschland bis Südafrika. Ich habe jeden Tag so viele neue Dinge gesehen und alles von Herzen genossen. Die mangelnden Englischkenntnisse stellten kein Hindernis dar.

Seit diesem Erlebnis bin ich jedes Jahr einmal verreist. Ich habe mir meinen Traum erfüllt, die Welt zu sehen. Ich war auf den Seychellen und habe ein Inselhopping gemacht, wo ich mich verliebt habe – nicht in einen Mann, sondern in La Digue, die kleinste Insel der Seychellen. Wenn ich einmal auswandern sollte, dann dorthin! Ich habe eine organisierte Rundreise durch Thailand gemacht, von Bangkok bis Khao Lak, und dabei viele tolle Leute in der Reisegruppe kennengelernt, mit denen ich heute noch Kontakt halte.

Dieses Jahr breche ich auf zu meinem neuen Abenteuer in Südafrika. So bin ich spät aber doch zu einer richtigen Weltenbummlerin geworden und träume noch von vielen weiteren aufregenden Orten in der großen, schönen Welt da draußen. So ist es wohl mit Träumen, sie finden dich, egal, wie alt du bist oder was du dir für dein Leben vorstellst. Wenn sie einmal anklopfen, habe den Mut, ihnen zu folgen. Du wirst es nicht bereuen.

IN 112 TAGEN UM DIE WELT
Veronique

Als ich in das Flugzeug stieg, drehte ich mich ein letztes Mal um. Es war kurz nach sechs Uhr morgens und der Himmel präsentierte sich in den schönsten Farben. Als wir ungefähr eine halbe Stunde später auf dem Rollfeld beschleunigten, stand die Sonne bereits am Horizont und tauchte Wien in ein gleißend gelbes Licht. Ein seltsames Gefühl überkam mich, als das Flugzeug immer schneller wurde, bis es schließlich abhob und in den Himmel stieg.

Unter uns wurden die Gebäude und Felder immer kleiner. Eine Wolkendecke breitete sich unter uns aus und bald versank ich wie in Trance in dem weißen Licht, das das Flugzeug umgab.

Bald würden wir den Atlantik überqueren und in weniger als zwölf Stunden am John F. Kennedy International Airport in New York City landen. Ich blickte zu meiner Freundin, die neben mir saß. Sie hatte ihre Lehne bereits nach hinten gestellt und schlief, typisch. Abgesehen davon, dass ich beim Fliegen so gut wie nie schlafen konnte, war ich dafür auch viel zu aufgeregt. Das lag nicht an der Tatsache, dass wir über den großen Teich nach New York flogen. Ich war schon einmal dort gewesen und hatte es großartig gefunden.

Dieses Mal aber war New York nicht nur eine Stadt, die ich für ein paar Tage besuchte, um anschließend wieder nach Hause und in meinen Alltag zurückzukehren. Diesmal war die Stadt, die niemals schläft, der Ausgangspunkt einer Reise, von der ich schon mein ganzes Leben lang geträumt hatte, einer Reise einmal um die Welt.

Ich war in meinem Leben schon sehr viel herumgekommen. Bis ich mir meine ersten Reisen finanzieren konnte, bereiste ich die Welt in meiner Fantasie. Noch bevor ich im Gymnasium meinen ersten eigenen Atlas bekommen hatte, saß ich an manchen Tagen stundenlang mit dem alten zerfledderten Schulatlas meiner Mutter auf der Couch, ließ meine Finger über die Kontinente wandern und träumte von fernen Ländern und Abenteuern. Später wurde Google Maps zu meinem ständigen Begleiter.

Als ich mit 16 Jahren meinen ersten Ferienjob hatte, gab ich das verdiente Geld umgehend für meine ersten Reisen wieder aus. Mit 18 Jahren verzichtete ich darauf, mit meinen Klassenkameraden auf Maturareise in die Türkei zu fliegen, und ging stattdessen den ganzen Sommer arbeiten, um mir ein Interrailticket zu kaufen und drei Wochen lang mit dem Zug durch Europa zu reisen. Um mir meine Urlaube zu finanzieren, hatte ich während meines Studiums zeitweise fünf Nebenjobs gleichzeitig.

Mit 27 Jahren hatte ich bereits halb Europa bereist sowie einige Länder in Afrika, Asien und Nordamerika. Mein großer Traum von einer Weltreise war aber bis zu diesem Zeitpunkt noch nicht Wirklichkeit geworden.

»Lass uns doch noch ein Jahr warten und weitersparen«, sagte meine Freundin, als ich wieder einmal davon zu sprechen begann. Sofort widersprach ich. Das kam für mich nicht infrage.

Mein Studium der Rechtswissenschaften hatte ich längst abgeschlossen. Wir hatten beide mittlerweile jeweils 10.000 Euro zusammengespart und keine Freude mehr an unseren Jobs. Die Route für unsere Weltreise hatte ich seit Monaten in meinem Kopf. Sollte uns tatsächlich irgendwo das Geld ausgehen, würden wir es schon rechtzeitig merken und könnten jederzeit zurückkehren. Also worauf sollten wir warten?

Den perfekten Zeitpunkt würde es nie geben und ich hatte keine Lust mehr, meine Träume von äußeren Umständen wie Geld abhängig zu machen, die meist nur als Entschuldigung dienen, irgendetwas nicht zu tun.

So kam es, dass ich einen Monat später meinen Job in der Anwaltskanzlei kündigte, meinen Rucksack packte und gemeinsam mit meiner Freundin zu einem Abenteuer aufbrach, das mein Leben verändern sollte.

In den folgenden dreieinhalb Monaten tauchten wir ein in pulsierende Metropolen wie New York City und Tokio, fuhren mit dem Fahrrad durch den Central Park, schwammen in einer Cenote in Cancún und besuchten die beeindruckenden Maya-Stätten in Tulum. Wir versuchten unser Glück in den Casinos von Las Vegas, erklommen die Hollywood Hills in Los Angeles und schlenderten durch die Straßen von Fisherman's Wharf in San Francisco, wo der Geruch von frischem Fisch in der Luft lag. Mit dem Zug fuhren wir durch die malerischen Landschaften von Sri Lanka, lernten Surfen, übernachteten in einer Koje in Singapur und rasten mit dem Highspeed-Zug Shinkansen durch Japan. Kein Tag glich dem anderen und die Zeit verging wie im Flug.

Mein absolutes Highlight der Reise war unsere achtstündige Wanderung zu den Haiku Stairs, einer atemberaubenden Treppe von über 3.900 Stufen mitten im Dschungel von Oahu, der Hauptinsel von Hawaii.

Doch es waren nicht nur die schönen Orte und aufregenden Abenteuer, die diese Reise um die Welt so besonders machten. Vielmehr waren es die Begegnungen mit Menschen unterschiedlichster Kulturen und Länder, die mir zeigten, dass die Welt voller Freundlichkeit und Schönheit ist.

So durfte ich in Sri Lanka am eigenen Leib erfahren, was Nächstenliebe wirklich bedeutet. Am Strand wurde ich von einem Hund gebissen. Eine kurze Recherche im Internet ergab, dass ich mit ziemlich hoher Wahrscheinlichkeit an Tollwut sterben würde, was mich verständlicherweise etwas niedergeschlagen stimmte. Aber bevor ich mir noch überlegen konnte, wie ich die letzten Tage auf Erden verbringen würde, hielt ein Einheimischer mit seinem TukTuk an und fragte, ob er mir helfen könne. Nachdem ich ihm von meiner Misere berichtet hatte, brachte er mich zu unserer Unterkunft und versicherte mir, dass ich mir keine Sorgen machen müsse. Er fuhr mich dann ins Krankenhaus und kümmerte sich darum, dass ich schnell und fachgerecht behandelt wurde.

Ohne ihn hätte ich mich in dem Krankenhaus niemals zurechtgefunden. Anschließend brachte er mich zurück zum Strand. Als ich ihm dankte und Geld geben wollte, winkte er ab. Er deutete nur auf das kleine Buddha-Foto, das an der Windschutzscheibe seines TukTuks lehnte, griff sich mit der rechten Hand auf sein Herz und lächelte. Dann fuhr er davon.

Auf den Philippinen durften wir erleben, dass Glück nicht davon abhängt, wie viel wir haben, sondern wie viel wir geben. Als wir mit dem Moped an einer Schule vorbeifuhren, stürmten die Kinder heraus und umkreisten uns. Da sie gerade eine »Christmas Party« feierten, hatte jeder von ihnen drei Bonbons geschenkt bekommen, die sie uns nun stolz zeigten. Sie streckten uns ihre Hände entgegen und bestanden darauf, dass wir ihre Süßigkeiten nahmen. Widerspruch war zwecklos. Sie ließen uns erst weiterfahren, nachdem wir alles genommen hatten.

Winkend und lachend schauten sie uns nach.

Ich könnte Dutzende solcher Erlebnisse erzählen, angefangen vom Surfer, der mich aus den reißenden Wellen des Pazifiks in Hawaii rettete, bis hin zu all den fremden Menschen, denen wir auf unseren zahlreichen Wanderungen begegnet sind, die uns Essen und Trinken anboten und an gefährlichen Stellen auf uns Acht gaben.

Die Welt war voll von guten Menschen und es liegt an jedem Einzelnen von uns, einer davon zu sein. Als wir kurz vor Weihnachten wieder zu Hause ankamen, war ich nicht mehr der gleiche Mensch wie zuvor. Ich war erschöpft und müde, aber überglücklich und erfüllt von Dankbarkeit.

Wir waren 112 Tage mit Flugzeug, Auto, Boot, Moped, Zug und Bus um die Welt gereist, hatten Höhen und Tiefen durchlebt und waren Menschen begegnet, deren Güte und Menschlichkeit noch heute mein Herz erwärmen, wenn ich daran denke. Rückblickend betrachtet hatte ich meinen Traum von einer Weltreise nicht nur geträumt, ich hatte ihn regelrecht manifestiert.

Mein Ziel hatte ich stets vor Augen gehabt, während ich Schritt für Schritt begann, das zu tun, was es mir ermöglichte, den Traum Wirklichkeit werden zu lassen. Nun waren aus einem jahrelangen Traum Erinnerungen geworden, die kein Geld der Welt kaufen konnte.

Zum Zeitpunkt meiner Rückkehr wusste ich nicht, wohin mich das Leben in Zukunft führen würde, aber ich war mir sicher, dass schon die richtigen Dinge zur richtigen Zeit in mein Leben treten würden.

»Solange ich Träume habe, wird alles gut«, dachte ich.

Und davon habe ich wirklich genug.

DER ROTE KONTINENT
Eva Christiane

*E*s begann so:

Als Kind schon haben mich die fernen Länder fasziniert und begeistert. Der Onkel meines Vaters, der in jungen Jahren nach Australien zur Goldsuche ausgewandert war, schickte jedes Jahr eine Postkarte aus dem fernen, heißen Kontinent und feuerte dadurch mein Interesse und das Reisefieber an.

Bereits mit sechs Jahren war für mich klar: Ich möchte einmal nach Australien reisen. Kein Reisebericht oder Bildband, keine Dokumentation, kein Zeitungsartikel und kein Spielfilm, die das Thema Australien beinhalteten, waren vor mir sicher. Und so wurde mein großer Traum, durch Australien zu reisen, immer umfangreicher durch viele kleinere dazugehörige Träume. So wollte ich unter anderem auch einmal als Cowgirl auf einer Farm arbeiten.

Die Jahre gingen dahin und die Schulzeit war endlich vorüber. Doch ich musste erst eine Lehre abschließen, ehe ich mir den ersten Teil meines Traums erfüllen konnte.

Ich kündigte, packte meinen Rucksack, verabschiedete mich von meinen Liebsten und reiste für sechs Monate das erste Mal nach Australien. Dort angekommen fühlte ich mich wie in einem der zahlreichen Spielfilme, die ich zuvor gesehen hatte. Nur durfte ich diesmal mitspielen.

Ich war überwältigt, es war einfach Liebe auf den ersten Blick. In den sechs Monaten in Australien reiste ich mit meinem Rucksack, meist per Bus und Bahn, die Ostküste entlang, durchs rote Herz Australiens an die Südküste.

Ich arbeitete an verschiedenen Stellen gegen Kost und Logis. So arbeitete ich in einem Hostel im Zentrum von Melbourne, mit Rennpferden im Hinterland von New South Wales und in einer Wildlife Sanctuary im tropischen Regenwald von Queensland.

Die sechs Monate gingen viel zu schnell vorbei und schon war ich wieder am Heimweg. Doch noch hatte ich meinen Traum noch nicht ganz erfüllt. Ich wollte das echte, richtige Australien sehen und erleben. Noch tiefer in das Land, die Kultur und die Geschichte eintauchen.

So arbeitete ich zu Hause und sparte fleißig. Ein paar Jahre später ging es für mich wieder nach Australien. Diesmal wollte ich unabhängiger sein und kaufte mir einen Allradcamper. Damit war ich für ein Jahr im ganzen Land unterwegs.

Und die Ereignisse übertrafen sich immer wieder. Ich hatte die Verantwortung für ein Pferdegestüt, während die Besitzer einmal einen Urlaub genießen konnten, besuchte natürlich wieder meinen Großonkel (der immer die Postkarten geschickt hatte), arbeitete in einem Pub, durchquerte mehrere Wüsten, arbeitete bei einer Steinschleiferei und übernahm House- und Dog-sitting-Jobs. Ich lernte so viele interessante Menschen kennen, die mich bis heute geprägt haben durch ihre Erfahrungen, Lebensweisheiten, Einstellungen und ihre Art zu leben. Unter anderem konnte ich für eine und mit einer australischen Legende arbeiten: Fred Brophy, der ein Buch geschrieben hat über sein Leben und neben dem Pub, das er leitete, auch das letzte australische »Boxingtent« besaß.

Da mein Visum sich dem Ende näherte, musste ich schweren Herzens nach einem Jahr Australien mein Auto verkaufen und heimfliegen. Doch ein paar Jahre später war ich wie ein Bumerang wieder zurück und abermals für ein Jahr in Australien mit dem Auto unterwegs.

Diesmal arbeitete ich unter anderem für ein paar Monate auf einer großen Cattle Station im Norden des Landes. Da konnte ich meine Cowgirl-Leidenschaft so richtig ausleben. 2023 war ich dann noch einmal mit meiner Tochter für einen Monat in Australien und im Outback unterwegs.

Ich wollte ihr einmal zumindest kurz das Land meiner Träume, andere Lebensweisen, Landschaften und Menschen zeigen und ihre Fantasie und Inspiration erweitern für das, was noch kommen kann.

So haben sich meine Träume erfüllt.

Träume
VON DER GROSSEN LIEBE

DER TRAUMMANN
Barbara

Ich war dreizehn Jahre alt, als ich meine große Liebe traf.

Es war nie ein Geheimnis. Er war drei Jahre älter als ich. Ich wusste, dass Jungs in diesem Alter nicht von der Liebe träumen, sondern von Abenteuern. So vergingen drei Jahre, bis er mich endlich wahrnahm. Als ich sechzehn war, begann unsere Beziehung. Für mich war damit ein lang gehegter Traum in Erfüllung gegangen. Aber man soll vorsichtig sein, was man sich wünscht.

Ich war so verknallt, dass ich die Welt nur noch durch meine rosarote Brille wahrnahm. Alles, was aus seinem Mund kam, wog ich mit Gold auf. Alles, was er tat, unterstützte ich gedankenlos. Ich hinterfragte nichts.

Dabei bin ich ein bodenständiger Mensch. Solange ich denken kann, träumte ich von einer Familie. Ich liebe Kinder und wollte immer einen ganzen Haufen, meine persönliche Fußballmannschaft. Meine große Liebe jedoch wollte keine Kinder.

Er hatte auch nie den Plan, zu heiraten. Zu tief saßen Verletzungen aus seiner eigenen Kindheit. Viele Jahre nahm ich das hin und hoffte insgeheim, dass ich ihn würde überzeugen können. Dass ich ihn ändern konnte.

Ich war ein Träumelein. Egal, wie viel schlechte Erfahrungen ich machte, ich glaubte immer an die Liebe. Und daran, dass am Ende alle meine Träume in Erfüllung gehen würden. So dauerte es, bis ich schließlich erkannte, dass es unmöglich ist, einen Menschen zu ändern. Genauso ist es unmöglich, ihm die eigenen Träume aufzuzwingen. Ich wollte mich jedoch nicht ändern und meine Träume nicht aufgeben. Also wollte ich die Trennung.

Plötzlich änderte er sich doch. Er begann, um mich zu kämpfen. Verlieren wollte er mich nicht. Zumindest sagte er das. Ich gab uns noch eine Chance. Sie dauerte 21 Jahre. Diese Zeit war durchwachsen. Geprägt von Stimmungsschwankungen. Je mehr Zeit verging, desto stärker fühlte ich mich als Gefangene. Mein Partner wusste, wie er mit mir umzugehen hatte, damit ich am Ende das tat, was er verlangte. Bloß durch Worte konnte er mich in die Gefühlslage versetzen, die er benötigte.

Mein Umfeld sah das und wollte mich immer wieder aus dieser Beziehung herausholen. Doch ich war so abhängig geworden, dass ich bloß mit Trotz auf diese Versuche reagierte und mich noch stärker an meinen Partner band. Nach sieben Jahren Beziehung bekam ich schließlich einen Sohn. Mein langgehegter Traum hatte sich erfüllt. Ich war stolz, aber musste mich allein um das Kind kümmern. Da begann sich eine innere Stimme in mir zu regen. Sie sagte mir, dass das nicht richtig sein könne. Dass ich gehen solle. Doch ich fühlte mich machtlos.

Ein paar Jahre später, als mein Sohn älter geworden war, begann ich eine Ausbildung zur Krankenschwester. Auf dem Lehrplan stand auch psychologischer Unterricht. Dort erkannte ich, dass ich dringend etwas ändern sollte. Dass ich diesem Strudel entkommen musste.

Ich begann, meinen Partner infrage zu stellen. Fing an, mich zu wehren. Erkannte, was er mit seinen Worten bezwecken wollte. Wir begannen, uns Machtkämpfe zu liefern. Als ich am Ende unserer gemeinsamen 21 Jahre bemerkte, dass er mich betrog, konnte ich mich endlich von ihm lösen. Nicht sofort und nicht reibungslos, doch es gelang mir. Auch dank meiner inneren Stimme, die mir die Richtung wies.

Ein Jahr blieb ich allein mit meinem Sohn und lernte viel über mich selbst. Lernte, meiner inneren Stimme zu vertrauen. Sie sagte mir, dass sich meine Träume noch immer erfüllen konnten. Sie gab mir den Glauben an die Liebe zurück.

Ganz fest dachte ich an meine Traumbeziehung und schickte diese Wünsche ans Universum. Oft stand ich auf meinem Balkon, blickte in den Himmel und lebte in meinem Kopf bereits diese Beziehung. Und dann, ein Jahr später, begegnete ich einem Mann.

Es stellte sich heraus, dass Träume wahr werden können, wenn man fest an sie glaubt.

Dieser Mann zeigte mir, was Liebe wirklich bedeutet. Er vervollständigt mich und ich bin dankbar, ihn gefunden zu haben.

Wir beide haben lange nacheinander gesucht und dabei viel gelitten. Nun erwarten wir unser erstes gemeinsames Kind und sind überglücklich, uns den Traum einer Familie erfüllen zu können. Mein älterer

Sohn wird bald großer Bruder und ich bin ungemein stolz auf ihn.

Was ich gelernt habe: Es ist nie zu spät für einen Neuanfang! Wenn man Träumen nur genug Kraft gibt und sie vor unseren Augen Gestalt annehmen, dann gehen sie auch in Erfüllung.

DER SOMMER MEINES LEBENS
Uschi

Es war der Sommer des Jahres 1957. Ich war fünfzehn Jahre jung und verbrachte meine Schulferien wie jedes Jahr bei meinem Onkel in Kitzbühel. Jeder Besuch bei ihm war ein Abenteuer, ich war bei den Kühen auf den Wiesen und unternahm Wanderungen in die umliegenden Berge.

Bei einer dieser Wanderungen summte ich gedankenverloren ein Lied vor mich hin, als ich beinahe in ihn hineingelaufen wäre. »Buon giorno«, sagte er. Ein junger, gut aussehender Mann in Jeans stand vor mir und lächelte mich an.

Mehr als ein »Hallo« brachte ich nicht heraus. Ich konnte kein Italienisch außer »Buon giorno« und »Grazie«, das war auch schon alles. Er plauderte munter weiter, doch ich verstand kein Wort.

Diese flüssige, helle Sprache faszinierte mich und ich fühlte etwas, das ich nicht kannte. Trotz der Sprachschwierigkeiten wurde es ein wunderschöner Sommer, wohl der schönste Sommer meines bisherigen Lebens. Ich glaubte, wir wären verliebt.

Giuseppe war siebzehn Jahre alt, kam aus Florenz und machte mit seiner Schwester und seiner Tante Ferien. Beppino, wie ich ihn liebevoll nannte, wurde von seiner Tante streng »überwacht«, aber wir fanden immer Wege, uns zu treffen. Seit damals kam Beppino jeden

Sommer mit einem Zelt nach Kitzbühel. Und ich natürlich auch.

Eines Tages lud mich Beppinos Familie nach Florenz ein. Da ich streng erzogen wurde, erlaubte mir mein Vater nicht, die Reise anzutreten. Außerdem gab es zu dieser Zeit Bombenanschläge am Brenner. So blieben uns bloß das Schreiben und unsere Ferien in Kitzbühel. 38 Briefe und 26 Karten habe ich bis heute von ihm aufbewahrt.

Doch wie das Leben nun mal so ist, wurden wir älter. Beppino ging nach Mailand an die Uni, ich begann, in einem Büro zu arbeiten, und nach drei Jahren hörten wir immer weniger voneinander, bis schließlich völlige Stille herrschte. Vergessen hatte ich Beppino jedoch nie.

Es gibt einen Film, den ich sicher schon zehnmal gesehen habe: Briefe an Julia. Jedes Mal, wenn ich ihn sehe, muss ich an Beppino denken. In diesem Film lernt eine fünfzehnjährige Engländerin in Verona im Jahre 1957 einen Italiener lieben und fand ihn nach fünfzig Jahren wieder. Ob es mir auch so ergehen würde?

In mir reifte der Traum, Beppino zu suchen und wiederzufinden. Am 11. April 2019 war es so weit. Ich startete mit einer Internetsuche. Tatsächlich sprang mir bald dasselbe Lächeln wie vor 62 Jahren entgegen. Beppino hatte ein Jugendfoto ins Netz gestellt, auf dem ich ihn sofort erkannte.

Nachdem ich ihm geschrieben hatte, erhielt ich sofort eine Nachricht. »Ich habe dich sofort erkannt!«, schrieb mir Beppino. »Du warst die große Liebe meiner Jugend!«

Drei Tage lang musste ich immer wieder in Tränen ausbrechen, wenn ich daran dachte. Mich erfüllte Ergriffenheit und Liebe. Mein Lebenstraum, meine Jugendliebe wiederzufinden, ging in Erfüllung.

Beppino schickte mir Fotos von damals. Sogar mein Geburtsdatum wusste er noch. Auch er hatte in all den Jahren an mich gedacht.

Wir schreiben uns fast jeden Tag, erzählen uns, wie unser Tag war, wir sprechen über Familie, Kunst und Kultur und planen, uns dieses Jahr in der Toskana zu treffen.

Wir sind jetzt beide über achtzig Jahre alt und glücklich, dass unser gemeinsamer Traum doch noch in Erfüllung gegangen ist.

GEH MIR AUS DER SONNE!
Ursula

Ich bin in der glücklichen Situation, sagen zu können, dass sich mehrere meiner Träume erfüllt haben. Der wichtigste Traum, meinen Lebensmenschen zu finden, will ich hier beschreiben.

Ich war elf Jahre alt und schwärmte für einen Jungen aus der Nachbarschaft. Er war etwas älter als ich und arbeitete bereits, während ich in eine Schule in der Innenstadt ging. Ich dachte oft an ihn. Aber wir waren zu den unterschiedlichsten Zeiten unterwegs, sahen uns nicht.

Eines Sonntags, ich war fünfzehn geworden, wartete ich auf einen Bus. Er saß mir gegenüber auf einer Parkbank. Er bemerkte mich, flirtete ein wenig mit mir. Gerade da kam mein Bus. Mit stark klopfendem Herzen stieg ich ein. Am liebsten wäre ich noch länger dort stehen geblieben und hätte Blicke mit ihm ausgetauscht, doch ich war mit Freunden verabredet. Endlich hatte er mich zur Kenntnis genommen und ich musste schon weiter! Obwohl ich so oft an ihn dachte, dass es wehtat, sollte eine lange Zeit vergehen, ehe wir uns wiedersehen würden.

Im nächsten Frühsommer schlug meine Freundin vor, ins Schwimmbad zu gehen. Sie hatte einen jungen Mann kennengelernt, der sie eingeladen hatte. Um ein Gleichgewicht herzustellen, sollte ich mitkommen, denn er hatte einen Freund im Schlepptau und der sollte beschäftigt werden. Es begann nicht gut. Ich war schon mal sauer, denn dieser andere Kerl verspätete sich und meine Freundin war bereits Hand in Hand mit ihrem Typen unterwegs, um fröhlich durchs Gelände zu spazieren.

Ich legte mich auf den Bauch, schloss die Augen und fluchte in mich hinein. Da fühlte ich, dass jemand seinen Schatten auf mich warf.

»Geh mir aus der Sonne!«, sagte ich verärgert, drehte mich und blickte auf. Mit der Hand über meinen Augen funkelte ich den lästigen Störer an. Und mir blieb das Herz stehen.

Er war es.

Damals gab es keine Liegestühle, wir hatten Decken, auf denen meist mehrere Teenager saßen. Er fragte, ob er sich zu mir setzen dürfe. Mehr als ein Nicken brachte ich nicht zustande. Er erzählte mir, dass er sich verspätet habe, weil er seinem Nachbarn noch hatte helfen müssen. Er war also der Typ, den ich beschäftigen sollte!

1991 erfüllte ich mir den Traum, meine große Liebe zu heiraten. Wir werden zusammen alt, sind noch immer glücklich, stehen einander bei und lachen viel zusammen. Es war nicht immer einfach, aber so ist das mit Träumen: Wenn man sich Problemen stellt und an ihnen arbeitet, können Träume ein Leben lang halten.

EIN BRIEF ANS UNIVERSUM
Dagmar

Mit knapp zwanzig Jahren begann ich eine Beziehung, von der ich hoffte, sie wäre die Liebe meines Lebens. Ich war jung und er mein Traummann. Sobald ich ihn nur sah, fühlte ich die Schmetterlinge im Bauch und hatte Herzen in den Augen. Die ersten Monate waren auch schön und ich war glücklich. Nach und nach allerdings schlichen sich Dinge und Situationen ein, die weniger schön waren. Er wollte nie etwas mit meinen Freunden unternehmen, denn es waren »meine Freunde«. Er kam nie zu meiner Familie mit, denn das war nicht so »sein Ding«. Ich akzeptierte das und passte mich an.

Aber war ich glücklich?

Keine Ahnung. Jedenfalls fügte ich mich in die Rolle der zufriedenen Freundin. Ich wollte eine Zukunft mit diesem Mann, wollte ihn heiraten und Kinder mit ihm. Doch beides schob er von Jahr zu Jahr auf. Je länger er diese Wünsche hinauszögerte, desto stärker bemerkte ich, dass ich wohl nicht die Einzige für ihn war. Irgendwann wurde mir bewusst, dass jeder in seinem Umfeld Bescheid wusste außer mir. Doch erneut gab ich mir die Schuld, nicht ihm.

Ich verzieh und akzeptierte. Ich weinte mich oft in den Schlaf, doch ich konnte ihn auch nicht gehen lassen. Warum? Vielleicht aus Bequemlichkeit? Aus Angst? Ich wollte nicht wieder von vorn beginnen müssen: Jemanden kennenlernen, seiner Familie vorgestellt werden, zusammenziehen. Ich wünschte mir, dass es mit ihm besser werden würde.

Und dann beendete er die Beziehung nach sieben Jahren. War ich am Boden zerstört? Und wie! Fühlte ich mich als Versagerin? Oh ja. Doch mit diesem Ende begann meine Zukunft. Ich begann, mein Leben wieder zu genießen. Single zu sein. Ich hatte plötzlich Spaß und wurde zufriedener und ausgeglichener. Eines Tages traf ich eine alte Freundin wieder und wir unterhielten uns über unsere Träume.

Wie sollte das Leben sein?

Was sollten wir von der Zukunft erwarten?

Sie meinte: »Schreib einen Brief ans Universum. Mit all deinen Wünschen und Sehnsüchten darin. Und dann räum den Brief weg. Du wirst sehen, deine Wünsche werden ins Universum fliegen.« Na ja, dachte ich, kann ja nicht schaden. Ich kann mich daran erinnern, dass ich diesen Brief geschrieben habe, ich kann mich auch daran erinnern, dass ich mir einen Mann gewünscht habe, für den ich alles bin, der mich liebt und für mich da ist, der meine Zukunft ist und eine Familie mit mir gründen wird.

Ich kann mich an all die Träume erinnern, die ich in diesen Brief gepackt habe, nicht jedoch, wohin ich ihn geräumt habe. Irgendwann dachte ich auch gar nicht mehr an die Zeilen.

Doch der Mann, den ich beschrieben hatte, trat in mein Leben. Erst als ich zu diesem neuen Mann zog, fiel mir der Brief wieder ein. Ich suchte alle Laden und Kästen meiner alten Wohnung ab, doch er tauchte nicht mehr auf.

Die Zeilen sind verschwunden, doch mein Wunsch hat seinen Weg ins Universum gefunden. Seine Erfüllung sehe ich jeden Tag in meinem Mann und unseren Zwillingstöchtern.

Träume

VON EINEM NEUEN LEBEN

EINE NEUE HEIMAT
Danijela

Als Kind wuchs ich gemeinsam mit meinen Geschwistern bei meiner Oma in Serbien auf.

Meine Eltern wanderten 1990 nach Wien aus, weil sie sich eine bessere Zukunft für uns erhofften. Getrieben von Armut, ließen sie uns bei unserer Oma zurück. Der Plan meiner Eltern war, uns zu sich zu holen, sobald sie einen Aufenthaltstitel bekommen würden.

Leider war das nicht so einfach. Immer wieder wurden unsere Aufenthaltstitel abgelehnt. Sowohl für uns Kinder als auch für unsere Eltern kosteten diese Absagen viel Kraft. Meine Oma war oft mit uns überfordert und reagierte manchmal nicht so, wie wir es uns als Kinder gewünscht hätten.

So träumte ich jede Nacht davon, endlich gemeinsam mit meinen Eltern in einem neuen Land zu leben. Meine Mama und meinen Papa jeden Tag sehen zu können. Doch jedes Mal, wenn ich meine Augen öffnete, sah ich bloß meine Oma, wie sie uns aufweckte, und vor dem Fenster die immergleichen serbischen Felder.

Eines Nachts träumte ich wieder von meinen Eltern. Als ich an diesem Morgen die Augen öffnete, wurde mir erneut schmerzlich bewusst, dass ich in die Realität zurückkehren würde, wo meine Oma auf mich wartete.

Doch nicht meine Oma befand sich in meinem Zimmer, sondern meine Mama. Sie saß auf dem Boden und wühlte im Kleiderschrank. In diesem Moment erkannte ich, dass mein Traum endlich wahr geworden war. Ich würde endlich bei meiner Mama und meinem Papa sein!

Es war der schönste Morgen meines Lebens.

Im Jahre 1998 war es schließlich so weit. Meine Eltern bekamen den Aufenthaltstitel für uns und holten uns endlich zu sich. Wir konnten wieder als Familie zusammenleben. Kinder und Eltern vereint. So, wie es sein sollte.

DIE BRIEFFREUNDSCHAFT
Rosalie

In einem kleinen Ort, inmitten einer philippinischen Provinz, die in Europa niemand kennt, gab es einmal ein kleines Mädchen. Dieses Mädchen war vierzehn Jahre alt und hatte den Wunsch, wegzugehen. Dieses Mädchen war ich.

Nach einer glücklichen Kindheit verstarb mein Papa. Meine Mutter, mein älterer Bruder und ich lebten fortan allein. Das Leben war hart, weil das Geld nicht ausreichte und wir sogar manche Tage auf das Essen verzichten mussten. Wenn die Küchenschränke leer blieben, brachten uns nette Nachbarn etwas zu essen vorbei. Sie kamen immer unter einem anderen Vorwand, um uns nicht in Verlegenheit zu bringen.

In dieser Zeit reifte in mir der Traum, ins Ausland zu gehen. Mein Vater war ein kultivierter Mann gewesen, in unserer Gegend sehr angesehen. Er hörte oft klassische Musik aus Europa auf seinem alten Plattenspieler und wurde davon sehr ergriffen. Selbst Messen auf Latein verstand er.

Amerika wurde zu meinem Traum. Es sollte dort viel schöner sein und ich wollte ein neues Leben beginnen. Auch meiner Familie wollte ich helfen, denn in Amerika würde ich bestimmt viel mehr verdienen. Am liebsten wollte ich etwas Kreatives tun, wusste aber nicht, was genau.

Das Leben in der Provinz war eintönig. Ich kam nur wenig aus dem Haus. Eines Tages ging ich ans Grab meines Papas und betete dort, dass mein Traum wahr werden würde. Ich fühlte mich in meiner Umgebung nicht mehr wohl. Ich wollte weg.

Als der Frühling des Jahres 1985 zu Ende ging, las ich in einer Zeitung das Inserat für einen internationalen Brieffreundschaftsclub. Ich meldete mich gleich dort an. Nach einiger Zeit bekam ich viele Briefe, auch aus Österreich, aber leider konnte ich nie zurückschreiben, weil ich mir nicht einmal das Briefporto leisten konnte.

Mit meinem ersten Brief aus Österreich ging ich zu meiner Tante und fragte sie, ob das Australien sei, weil ich Austria nicht kannte. Ich hatte keine Ahnung von der Welt, denn unsere Provinz war klein und die Schule interessierte mich nicht sonderlich.

Meine Tante erzählte mir, dass Austria für Österreich stehe, ein kleines Land in Europa. Die Menschen dort würden Deutsch sprechen und das Geld heiße Schilling.

Es dauerte, bis ich endlich einige Centavos für das Porto übrighatte. Ich konnte einem Österreicher zurückschreiben, dessen Briefe mir besonders gefallen hatten.

Daraus entwickelte sich eine Brieffreundschaft.

Seine Worte waren freundlich und warm. Nach einigen Monaten lud er mich zu einem Besuch ein. Davor musste ich allerdings einige Behördenwege erledigen. Die philippinische Sekretärin der Botschaft sagte mir, Österreich sei sehr sauber und würde mir bestimmt gefallen. Doch ich war ein junges, unerfahrenes und ängstliches Mädchen und wusste nicht, ob ich der Einladung wirklich folgen sollte. Ich ging deshalb mit meiner Mutter zu einer Frau, der wahrsagerische Fähigkeiten zugesprochen wurden. Ich nannte ihr bloß den Namen meines Brieffreundes und fragte, ob eine mögliche Beziehung eine Zukunft für mich hätte.

Die Frau versank in einer Art Trance und kritzelte mit einem Bleistift auf einem Stück Papier herum. Sie meinte, ich würde verreisen und benötige nur noch eine einzige Genehmigung. Diese Aussagen gaben mir Mut, die Reise zu wagen.

Am Heimweg warteten meine Mutter und ich an der Bushaltestelle. Ein Fernbus aus Manila, der Hauptstadt, kam vorbei, in dem mein Bruder saß. Er entdeckte uns und hielt seine Hand aus dem Fenster, den Daumen nach oben gestreckt. Damit zeigte er mir, dass er die letzten Unterlagen bekommen hatte. Freude erfüllte mich. Damit stand meiner Reise nichts mehr im Wege.

Am 17. Jänner 1986 kam ich in Österreich an. Alles war so fremd für mich. Die Sprache wollte ich gar nicht lernen, weil ich dachte, dass ich ohnehin nicht hierbleiben würde.

Aber ich verstand mich mit meinem Brieffreund, einem jungen Postbeamten, auf Anhieb sehr gut. Er war ausgesprochen nett und zuvorkommend. Kurz vor meinem Rückflug bat er mich, in Österreich zu bleiben und ihn zu heiraten. Ich entschied mich, seinen Antrag anzunehmen.

Wir heirateten und waren glücklich, auch wenn es für mich nicht immer leicht war, bei seinen Schwiegereltern in Wien zu wohnen. Es dauerte etwas, bis ich mich an das Leben in Österreich gewöhnt hatte. Im August 1993 begann ich, bei C&A zu arbeiten und mein eigenes Geld zu verdienen. Damit wurde ich unabhängiger. Als ich entdeckte, dass mein Mann eine andere Frau geschwängert hatte, trennte ich mich von ihm.

Zu dieser Zeit war ich aber nicht mehr allein in Europa. Meine Mutter war in der Zwischenzeit nach Deutschland ausgewandert und heiratete Onkel Emil. In London lebte eine meiner Cousinen, die ich seither mehrmals hatte besuchen können. Nach der Trennung musste ich jedoch erst mal in eine kleine Wohnung ziehen, auf einer Matratze schlafen und zwischen Pappkartons leben. Für viel mehr reichte mein Einkommen nicht.

Als ich endlich eine Vollzeitstelle bekam, begann ich finanziell unabhängig zu werden. Die Arbeit als Verkäuferin ist zwar anstrengend, aber voller Begegnungen mit Menschen, sodass mir nie langweilig wird. Selbst mein Traum von Amerika hat sich schließlich erfüllt: Mein Bruder zog dorthin und ich konnte ihn schon ein paarmal in New York besuchen.

Jetzt bin ich schon 38 Jahre lang in Österreich und arbeite seit über dreißig Jahren für C&A in Wien. Mein derzeitiger Traum ist es, meine letzten drei Berufsjahre noch gesund abzuschließen und dann in Pension gehen zu können. Durch die Anregung eines Freundes hat sich ein weiterer meiner Träume erfüllt: Ich tue etwas Kreatives. Seit 15 Jahren male ich Bilder von berühmten Künstlern wie Picasso oder Vincent van Gogh, von Filmhelden oder andere lustige Motive. Das Malen beruhigt mich und hilft mir, Abstand zum Alltag zu gewinnen.

Manchmal träume ich, dass ich noch auf den Philippinen lebe. Wenn ich aufwache, bin ich froh und dankbar, in Österreich zu sein und ein selbstständiges Leben führen zu können. Ich konnte meine Verwandten im Laufe der Jahre sogar finanziell unterstützen, wie ich es mir als Mädchen immer erträumt hatte. Wenn ich mich manchmal trotzdem fremd fühle in Wien, dann widerspricht mir ein langjähriger Freund und macht mich darauf aufmerksam, dass ich eigentlich Altösterreicherin bin. Denn vor langer Zeit, als die Habsburger noch regierten, gehörten die Philippinen zum österreichischen Habsburgerreich, in dem die Sonne nie unterging und deren Name daher stammt.

MEIN WEG AUS DER SUCHT
Nikola

Nach einer turbulenten Kindheit und Vergangenheit, die von einem Finanzdelikt und einer mehrjährigen Haftstrafe geprägt war, fand ich mich in der Justizanstalt Suben wieder.

Inmitten von Schulden und Schamgefühlen entstand jedoch ein Traum in mir, der mir die Hoffnung auf Freiheit schenkte. Ein Traum, der mich dazu ansportne, mich von materialistischen Zwängen zu befreien. Zunächst schien dieser Traum unerreichbar, doch ich entschied mich, hart an mir zu arbeiten und Veränderungen vorzunehmen.

Ich wollte sehen, ob es möglich war, an einem Ort wie der Justizanstalt frei zu sein.

Heute bin ich 27 Jahre alt. Ich habe gelernt, mich bewusst zu ernähren, Süßigkeiten aus meinem Leben zu streichen, auf Medikation zu verzichten, Sport zu machen und zu lesen.

Ebenso habe ich meine Spielsucht besiegt. Das ist mein großer Traum: Nach meiner Haft möchte ich den Menschen etwas zurückgeben, ihnen helfen, sich aus schwierigen Situationen zu befreien, und mich in der Prävention zu engagieren. Durch diesen Prozess fand ich nicht nur physische, sondern auch mentale Stärke. Ich habe gelernt, Hoffnung zu schöpfen, in Gott zu vertrauen und klare Ziele für meine Zukunft zu setzen. Trotz der

Widrigkeiten habe ich eine positive Aussicht auf das, was vor mir liegt, und bin entschlossen, mein Leben in eine neue Richtung zu lenken.

An die Leute da draußen habe ich eine Message: »Egal, wie aussichtslos die Situation gerade aussieht, man darf nie aufgeben.«

Denn ich habe selbst erlebt, dass es aus allen Situationen einen Ausweg gibt. Man muss Vertrauen in sich haben und anfangen, einen anderen Weg zu gehen. Der Wille ist in so einer Situation schon sehr viel wert und dazu möchte ich den Leuten Mut geben. Es ist im Leben alles möglich.

Momentan befinde ich mich noch in der Justizanstalt in Suben, ich werde voraussichtlich nächstes Jahr entlassen. Mein Traum hat mir Mut gemacht, an eine bessere Zukunft zu glauben und nie aufzugeben. Ich wollte meine Geschichte mitteilen, in der Hoffnung, dass sie andere berühren kann.

Vielleicht kann mein Weg ein Beispiel dafür sein, wie Träume Wirklichkeit werden können, selbst in den schwierigsten Momenten.

WOHLFÜHLGEWICHT
Sibylle

Ich bin Sibylle, 52 Jahre alt und das, was manche Menschen eine »trockene« Dicke nennen. Ich habe es von der Größe 2XL auf S/XS geschafft. Von diesem Weg möchte ich hier berichten.

Ich war immer schon übergewichtig. 2017 erreichte ich mit 120 Kilogramm mein Höchstgewicht. Über viele Jahre habe ich immer wieder versucht, abzunehmen: Ich begann Diäten, die erfolglos blieben, kämpfte mit Bulimie und anderen Essstörungen. Letztlich ging mein Gewicht immer wieder nach oben.

2017 hatte ich auch noch einen schweren Skiunfall und musste drei Monate eine Liegeschiene tragen. Danach musste ich mich mobilisieren und meldete mich in einem Fitnessstudio an. Ich verlor ein paar Kilogramm. 2019 stellte ich meine komplette Ernährung um. In dieser Kombination von Ernährungsumstellung und regelmäßiger Bewegung erreichte ich mein heutiges Gewicht von 52 Kilogramm.

Ich bezeichne mich deswegen als »trockene« Dicke, da ich noch immer ab und zu mit den Dämonen der Vergangenheit zu kämpfen habe, die mich in alte Muster zurücktreiben wollen. Mein Weg war kein leichter. Obwohl ich sehr motiviert war, mein Leben zu ändern, einen »kalten« Entzug startete und alle meine Schränke mit Süßigkeiten und anderem ungesunden Zeug leerte, quälte mich lange die Sehnsucht danach. Einen Tag später saß ich auf der Couch und erlitt einen Schweißausbruch nach dem anderen, weil mein Körper dieses Essen »brauchte«. Trockene Dicke essen gern versteckt, wie Alkoholiker oder andere Suchtkranke. Wir schämen uns, können aber nichts dagegen machen.

Wenn man als dicker Mensch in der Öffentlichkeit isst, bekommt man oft Kommentare zu hören wie: »Fette, friss noch mehr!« Das habe ich selbst erlebt. Während meiner gesamten Schulzeit habe ich meine Jause erst auf dem Nachhauseweg gegessen, weil ich von meinen Schulkameraden verspottet wurde.

Ich zählte mich nie zu den Dicken, die sich in ihrem Körper wohlfühlen. Also wollte ich etwas ändern. Es war mein Traum, ein Gewicht zu erlangen, mit dem ich mich wohlfühle. Und trotz all der Schwierigkeiten habe ich es geschafft. Mein Traum ging nicht einfach so in Erfüllung. Ich musste lange und hart dafür arbeiten. Jetzt bin ich stolz darauf, es geschafft zu haben.

Doch damit ist der Traum nicht zu Ende. Es wartet die nächste große Challenge auf mich: Das Gewicht zu halten. Aber diese nehme ich gern an, damit ich meinen Traum nicht nur erfüllen konnte, sondern seine Erfüllung nun auch genießen kann.

DER LANGE WEG
Florian

Ich habe nie davon geträumt, etwas Bestimmtes zu besitzen: ein teures Auto, ein großes Haus oder ein besonderes Möbelstück. Nach Materiellem habe ich nie gestrebt. Ich wollte nur eines im Leben: glücklich sein. Für mich bedeutete das, dazuzugehören. Irgendwo daheim sein. Etwas tun, das sich sinnhaft anfühlt.

Spulen wir kurz zurück ins Jahr 2014: Österreich hatte gerade den Song Contest gewonnen, Corona war nichts als ein Bier und ich befand mich am Sprung von der Unter- in die Oberstufe. Eigentlich hatte ich allen Grund, glücklich zu sein. Doch ich war es nicht. Ich fühlte mich eingeengt.

Eine neue Schule, neue Mitschüler, das alles schien gerade richtig zu kommen, um meinem Leben eine wichtige Wendung zu geben. Doch dem war nicht so. Ich kam in meiner neuen Klasse nicht an. Ich passte nicht wirklich dazu. War ein Sonderling. Nicht gerade ein Mädchenschwarm. Noch dazu hatte ich viele Hobbys, bei denen meine Mitschüler entweder den Kopf schüttelten oder in Gelächter ausbrachen.

Ich schlug mich durch. Dazu kam die wachsende Erkenntnis, dass ich nicht, wie andere Jungs, auf Mädchen stand, sondern auf Jungs. Alles war angerichtet für ein herrliches Potpourri einer pubertären Lebens- und Sinnkrise.

Die Wende kam tatsächlich erst mit der Matura, das ist mittlerweile fünf Jahre her. Wenige Tage nach der Zeugnisübergabe fuhr ich zum ersten Mal in meinem Leben allein weg. Nach Wien, zur Pride Parade. Mit einem Schlag spürte ich, dass alles, was ab diesem Punkt passieren sollte, meiner Kontrolle unterlag. Alles, was ich nun entscheiden würde, würde ich tun, weil ich es wollte. Ein paar Wochen später lernte ich meinen ersten Freund kennen. Alles schien perfekt. Ich hätte diesen Moment am liebsten eingefroren.

Doch dann kam die Pandemie.

Unsere Beziehung zerbrach an geschlossenen Grenzen, Lockdowns und an den systemrelevanten Berufen, denen wir beide nachgingen. Aber ich kämpfte mich zurück. Ich ging in meinem Zivildienst als Sanitäter auf und spürte in meiner Dienststelle das erste Mal, was es bedeutete, in einer Gemeinschaft aufgenommen zu sein. Teil von etwas zu sein.

Kurz darauf fand ich eine Arbeitsstelle, die mich mit offenen Armen empfing und in der ich noch heute arbeite.

Ich ging meinen Weg. Und plötzlich war sie da: die Erkenntnis. Eines Samstagmorgens, völlig unvermutet, während ich mir die Zähne putzte. Mein Hirn stellte mir eine völlig überraschende Frage: Bist du jetzt eigentlich glücklich?

Ich stand da, die Zahnbürste in der Hand, Zahnpasta im Mund, und blickte in den Spiegel. Die Antwort war: Ja. Ich war selbst erstaunt über den Gedanken und wie natürlich er sich anfühlte. Vermutlich war ich es schon länger gewesen und hatte es nur nicht bemerkt.

Wer dem eigenen Traum hinterherreist, reist eine lange Strecke. Irgendwann treibt man so verbissen vorwärts, dass man nicht bemerkt, wie viel Weg man schon zurückgelegt hat. Man richtet den Blick starr nach vorn, behält das Ziel fest im Blick, lässt sich nicht von seinem Kurs abbringen.

Bis man plötzlich ins Stocken gerät, durch die Frage: »Wohin willst du eigentlich noch?« Erst dann bemerkt man, dass das Ziel schon lange erreicht ist, dass es einfach mit einem mitgewandert ist. Man bemerkt, wie weit man schon gekommen ist.

Dieses Innehalten im Moment nimmt eine unglaubliche Last von den Schultern. Ab dann geht alles viel leichter. Und der nächste Traum wirkt nicht mehr so unerreichbar fern, denn man weiß: Wenn man einen erreicht hat, kann man auch den nächsten erreichen.

JEDEN ATEMZUG GENIESSEN
Michaela

Ich heiße Michaela und bin jetzt 54 Jahre jung. Ich kam mit der vererbten Stoffwechselkrankheit Mukoviszidose auf die Welt. Betroffen sind bei dieser Krankheit die Lunge und die Bauchspeicheldrüse.

Bezüglich der Lunge brauchte ich viel Therapie, um durch den Tag zu kommen. Ich war von klein auf sportbegeistert, ging ins Fitnessstudio und wollte mich von meiner Krankheit nicht unterkriegen lassen. Mein ganz großer Traum war es, eines Tages zu boxen. Mit einer Mukoviszidose war daran aber nicht zu denken.

Mit 29 Jahren hing ich schließlich am Sauerstoff. Meine Sportbegeisterung erhielt einen Dämpfer, denn ich musste die Entscheidung treffen, ob ich aufhörte mit dem Sport oder die Sauerstoffflasche mit ins Fitnessstudio nahm.

Ich entschied mich für meine Leidenschaft und erhielt daraufhin schönes und positives Feedback von anderen Menschen.

Schließlich kam der Tag, an dem mir die Ärzte mitteilten, dass ich eine neue Lunge bräuchte. Die OP fand im August 2004 statt. Sie veränderte mein Leben. Ich konnte nicht fassen, wie viel Luft ich plötzlich bekam! Als würde ich zum ersten Mal richtig atmen! Wie sehr ich plötzlich beim Trainieren Gas geben konnte. Wie schön das Leben mit Luft war.

Mittlerweile lebe ich seit zwanzig Jahren mit meiner perfekten Lunge. Ich gehe seit drei Jahren boxen. Das war immer ein Traum von mir, den ich endlich verwirklichen konnte.

Und ich genieße jetzt mein Leben in vollen Zügen. Man lernt, die kleinen Dinge zu schätzen, und viele Dinge, die einen früher noch belastet hatten, werden plötzlich ganz unwichtig. Mein Motto: Positiv bleiben und jeden Atemzug genießen.

Der Blick aufs Meer

Thomas Brezina

$\mathcal{M}$anchmal brauchen Träume Umwege und Abzweigungen, um Wirklichkeit zu werden. Seit ich ein Kind war, hatte ich den Traum, am Meer zu leben. Bei Urlauben in Griechenland und Italien bin ich oft am Strand gestanden und habe mir vorgestellt, irgendwo in der Nähe zu Hause zu sein. Am besten natürlich mit Blick auf das Meer. Bei längeren Reisen in die Karibik kam in mir der Gedanke auf, es so zu machen wie einige, die dort auf einer Insel lebten und von dort aus arbeiteten. Das Internet hat so ein Leben möglich gemacht.

Mit dem Meer verband ich stets den Gedanken an Sonne und Wärme.

Da ich weder Herbst noch Winter sonderlich mag, war die Vorstellung von einem Jahr, das hauptsächlich aus Sommer besteht, verlockend.

Es war ein wunderschöner Traum, über den ich oft und viel in meinem Tagebuch geschrieben habe, der aber nie in Erfüllung ging. Die Jahre verstrichen, der Traum ist geblieben, allerdings erschien er mir mit jedem vergangenen Jahr noch unerfüllbarer.

In einer Zeit, die nicht meine glücklichste war, habe ich wieder einmal nach neuen Möglichkeiten und Herausforderungen gesucht. Sam, ein Freund aus Nordirland, lud mich ein, um mir zu zeigen, wo er aufgewachsen war. Natürlich sind wir auch ans Meer gekommen, das dort im März ziemlich stürmisch und eiskalt ist. Bei einem Abendessen sprachen wir über Orte, an denen jeder von uns gern leben würde. Sein Wunschort war Brighton in Südengland.

Ich kannte diese Stadt schon aus Schulzeiten, als ich in der Nähe auf Sprachferien war. Brighton ist eine typische englische Seestadt. Eine ihrer Besonderheiten ist ein langer Pier aus Holz, der weit ins Meer hinausragt und an dessen Spitze sich ein Vergnügungspark mit Achterbahnen und wilden Wasserrutschen befindet.

Zu dieser Zeit war London bereits meine zweite Heimat geworden. Also konnte ich problemlos mit dem Zug nach Brighton fahren und dort spazieren gehen. Es war Frühling, windig und kalt.

Trotzdem haben mich die weißen viktorianischen Häuser, der orientalische Palast, den der Prinzregent mitten in der Stadt errichten ließ, die vielen kleinen Straßen mit Geschäften und vor allem die Menschen fasziniert. In Brighton kann jeder Mensch leben, so wie er will.

Einige Wochen später haben mein Freund Sam und ich gemeinsam eine Wohnung in Brighton gemietet, mit Blick auf das Meer. Wir wollten sie abwechselnd oder manchmal auch gemeinsam nutzen. Der Sommer war schön. Es war wundervoll, wie mein Traum in Erfüllung gegangen war.

Die Enttäuschung war daher groß, als unser kurzer Mietvertrag nicht verlängert wurde. Nachdem ich die Wohnung zurückgegeben hatte, ging ich am Strand zum Bahnhof. Entlang der Küste reihte sich ein mehrstöckiges Wohnhaus an das andere. Einige Wohnungen im ersten Stock besaßen eine Glasveranda, auf Englisch Belvedere genannt. In so einem Belvedere zu sitzen, mit Blick auf das Meer, und zu schreiben, das war das Schönste, was ich mir vorstellen konnte.

An diesem Tag kam ich bei einem Maklerbüro vorbei. In der Auslage hingen viele Fotos von Häusern und Wohnungen, die zu mieten waren. Da sah ich das Bild einer Wohnung mit Belvedere. Es war gar nicht so einfach, Mieter in dieser Wohnung zu werden, aber ich habe es geschafft. Einige Monate musste ich mich zwar gedulden, dann aber konnte ich endlich die Wohnung beziehen.

Ganz ehrlich, beim Sitzen in der Glasveranda ist mir gar nicht so viel eingefallen. Der Blick über das Meer, von Osten nach Süden und Westen, war aber zu jeder Jahreszeit einzigartig. Besonders im Winter war es ein Erlebnis, die rot aufgehende Sonne zu beobachten und am Abend den Sonnenuntergang hinter dem Pier in der Ferne. Im Bademantel aus dem Haus zu gehen, über die Uferstraße, und dann gleich hinunter zum Schotterstrand, war etwas, das ich sehr genoss, auch wenn das Wasser im Sommer selten mehr als zwanzig Grad Celsius bekommt.

Das Leben in Brighton, vor allem im Sommer, war aufregend und verbunden mit einem starken Gefühl der Lebendigkeit. Es war eine wunderbare Zeit, die ich dort verbracht habe. Traurig war nur, dass ich meine Zeit an diesem wunderschönen Ort mit niemandem teilen konnte. Als Nächstes träumte ich daher von einer neuen Beziehung, einem neuen Partner.

Und wo habe ich ihn gefunden? In Brighton.